全体主義《トータリタリアニズム》の中国がアメリカを打ち倒す

ディストピアに向かう世界

Totalitarian China will finish off America.

副島隆彦

ビジネス社

全体主義《トータリタリアニズム》の中国がアメリカを打ち倒す

まえがき

中国は表紙に打ち込んだとおり明らかに全体主義《トータリタリアニズム》国家である。その別名が「共産中国《きょうさんちゅうごく》」である。みんなに嫌われるはずだ。だが、今後、世界中がどんどん中国のようになる。

世界中のすべての国が、中国化するのである。その代表的な具体例かつ証拠は、監視カメラ（CCTV《シーシーティヴィ》。今はコミュニティ・サーキットTV《ティビー》と呼ぶ）が、街中のあらゆるところに取り付けられていることだ。アメリカも、ヨーロッパも、日本だって監視カメラだらけの国になっている。

中国では監視カメラによる民衆の動きの把握のことを天網《てんもう》(ティェン・ワン)と言う。「天網恢恢疎《かいかいそ》にして漏らさず」の天網である。

私は最近、中国に香港から入って深圳《しんせん》に行った。この中国のITハイテクの最先端の都市を調査してきた。あれこれもの凄《すご》い発展ぶりだなと、思った。それを後《あと》の方で報告する。

中国にまったく行きもしないで、中国の悪口ばかり言っている（書いている）人たちは、お願いですから、せめて北京と上海に行ってください。安いホテル代込み10万円で行けます。エクスペディアなどネットで安くで予約するといい。

中国は国民の生活を監視している国になってしまっている。もうすぐ監視カメラが中国全土に6億台取り付けられるそうだ。中国国民14億人の2人に1台の割合だ。まさか個人の家の中までは取り付けられないだろうが、それだって分からない。中国のすべての都市の街路には、既に付いている。

ところが、これらの中国製の監視カメラ会社に、最初に技術を開発して売ったのは、日本の大手電機会社である。ニコンとキヤノンとパナソニックとソニーが、この公共空間のカメラの技術を一番先に開発した。日本がいまもドイツ（カールツァイスとライカ）にも負けないで、世界一の技術力を誇っているのは、この分野である。専門技術でいえば、フィルムとフィルターとレンズの技術である。ハッセルブラッド社（スウェーデン）は、DJI（中国のドローンの最大手）が買収した。

あとのほうで載せるが（P61）、キヤノンの御手洗富士夫《みたらいふじお》会長の発言で、「キヤノンは監視カメラで未来を切り開く」と最近堂々と日経新聞に出ていた。

映画「JOKER」がディストピア映画の最新の傑作。（2019年10月日本でも公開）

興収10億ドルを突破した映画「ジョーカー」。ジョーカーは、日本の若者たちにも影響を与えた。ハロウイン（10月31日）の日にはたくさん出現した。自分たちの暗い未来を敏感に感じ取っているのだ。下は、東京の渋谷で。

中国だけが国民を徹底的に監視しようとしている国家なのではない。米、欧、日の先進国も監視国家だ。それに続く新興国も、「国民を監視する国家」になっていくのである。すなわち中国が先導して、他の国々もそれに追随する。これからの人類がたどるのは、このディストピア（幻滅の国。絶望郷《ぜつぼうきょう》。監視国家）への道である。中国だけがますますひどい国になるのではない。ディストピア（dystopia）はユートピア（utopia、理想郷《りそうきょう》）の反対語《アントニム》である。

人類が自分の未来を、盲目的、直線的かつ貪欲に突き進む結果、世界はこのあと、いよいよ中国のようになっていく。中国の悪口を言っていればいいのではない。

国民生活が、権力者や支配者によって徹底的に監視され、統制される政治体制のことを全体主義（totalitarianism トータリタリアニズム）という。この全体主義という言葉を広めたのはドイツ人の女性思想家のハンナ・アーレントである。彼女が、1951年に書いた『全体主義の起源』で、ソビエト体制を批判した時に使われた言葉である。このコトバの生みの親は、イタリアの知識人のジョバンニ・アメンドラである。

世界がやがて中国のようになっていく、という課題は、私が急に言い出したことではな

ジョージ・オーウェルの『1984《ナインティエイティフォー》』の世界がいま、中国で現実となった。

「ビッグ・ブラザー（支配者）・イズ・ウォッチング・ユー（お前を監視している）」
“Big Brother is watcthing you.”
なのである。

いる。

い。すでに感覚の鋭い言論人や知識人たちによって「世界は中国化する」という本も出ている。

もう20年前からイギリスのロンドンは、すべての街路《ストリート》に監視カメラが設置されていたことで有名だ。今の日本も主要な生活道路のほとんどにまで、監視カメラが設置されている。このことを日本国民は知らされていない。新宿や池袋のような繁華街だけが、カメラで監視されているのではない。

民衆の往来、行き来を、政府や取り締まり当局（警察）がずっと撮影して、画像を保存している国が立派な国であるはずがない。だが、どこの国の警察官僚も、必ずこういうことをやる。官僚（上級公務員）というのは、本性《ほんせい》からしてそういう連中だ。

これは人類にとっては悲しむべき間違った方向である。科学技術（テクノロジー）の進歩が、コンピューターや通信機器（スマホ他）の異常な発達とともに、こういう監視技術を最高度に発達させた。この監視システムを維持するために、一体どれほどの警察公務員が新たに採用され続けているかについて、誰も関心を払わない。

それにしても、全体主義《トータリタリアニズム》は強いなあ。世界大恐慌が襲いかかったとき、中国はシャッタード・アイランドとなる（バターンと金融市場を閉じる）ので、ビクともしない。

日本の光学企業は監視カメラで稼ぐしかなくなった。なぜなら世界中がもっと監視カメラだらけになるからだ。

日本国内でも今や監視カメラは500万台近くある。立派な監視社会だ。

第1章 中国のディストピア化を追いかける世界

第2章 貿易戦争から金融戦争へと移り変わった米中対決の構図

第3章 中国は最早アメリカとの力相撲を恐れない

第4章 中国にすり寄る韓国、北朝鮮と台湾を巡るつばぜり合い

第5章 中国の膨張を招き込んだアメリカの弱体化

第6章 アフリカと中央アジアに広がるチャイナネットワーク

第7章 ディストピア中国の不穏な未来

第1章 中国のディストピア化を追いかける世界

中国は巨大成長したという事実は否定できない

私は、この12年間、ほぼ毎年中国に調査に行き、そのあと、自分の中国研究の本を書いて出してきた。たとえば前著は、『今の巨大中国は日本（の経済学者たち）が作った』（ビジネス社、2018年刊）である。私は、保守系の人たちから中国の肩を持つ人物だと思われている。だが、そんなことはない。

私は、中国政府からまったく相手にされていないし、研究会や講演旅行に招待されたこともない。中国人の友達もいない。ところが、日本の保守系の著名人たちほど、中国政府に狙い撃ちされて招待されて中国に行っている。彼らは、自分自身が中国共産党にたらし込まれているという自覚がない。

私が、「中国は巨大な成長を遂げる」と、12年前（2008年）に慌《あわ》てて書き出したのは、現地に行ってみて、まさしく中国は巨大な成長、発展を遂げるとハッと気づいて分ったからだ。「時代に遅れてはいけない。自分こそが時代遅れになる」と私は血相を変えて、自分の頭の中味を全面的に入れ替えた。

かつては小さな漁村だった深圳は、わずか40年で世界最先端I《アイ》T《ティ》ハイテクシティになった。この事実から顔を背けてはならない。

2019年7月下旬、私は深圳と香港を調査した。そして改めて中国の巨大な成長を実感した。

私は、近未来《きん》の世界および世の中が、どのように変わっていくかということにおいて、冷酷である。自分の好き嫌いや願望、希望で判断しない。私は事実判定と未来予測において厳格である。自分の好悪《こうあく》感情に引きずられないで、常に事実に基づいて、己《おのれ》に厳しくあろうと努力してきた。中国や韓国をとにかく毛嫌いして、腐《くさ》して、悪口ばっかり書いてきた人たちは、本当に反省したほうがいい。

中国が巨大な成長を遂げたという事実は、もう誰にも否定できない。いまは、アメリカと中国が、世界覇権（ワールド・ヘジェモニー）をめぐって、ドスコイ勝負で激しく激突している時代である。日本はもう大国《スーパーパウア》ではない。普通の国《アベレイジ・ステイト》に落ちている。日本はこの25年間（１９９４年から）、ひどい不景気のまま、国家として衰退し続けた。たったひとつの、この冷酷な事実さえ、日本政府を始め、認めないようとしない人たちがたくさんいる。

とくに経営者や資産家層（小金持ち）のなかに、たくさんいる。彼らは、「日本はアメリカにしっかり付いて行きさえすれば大丈夫だ」という〝アメリカさま信仰〟に頭をやられたまま、ここまでやってきた。「そろそろみなさん目を覚ましたらどうですか」と私が言うと、また嫌われる。

中国の子どもたちは普通の大型書店で座り込んで、熱心に本を読んでいる。ネット中毒だけではない。私は見た。

2019年7月28日、深圳の大型書店の様子。

世界の知識人が描いてきたディストピア像

まえがきで書いた全体主義（トータリタリアニズム）という言葉は、そのまま共産主義（コミュニズム）と置き換えても構わない。共産主義が大嫌いという保守系の人々にとっては、その、燃えるような反共《はんきょう》の情熱で、自分の信念をずっと支えている。

この全体主義国家の別名が、ディストピア（dystopia）である。

ユートピア（理想郷）の反対語である。私たち人類が向かっている方向は、どうも理想社会の実現ではなくて、その反対のディストピアであるようだ。「絶望郷」である。これは私が作った訳語である。他にも、暗黒郷とか地獄郷と言われるが、どうも適切ではない。

このディストピア（絶望郷）の思想を唱えた先駆的で、先進的なヨーロッパの知識人たちがいる。人類の未来社会は決して明るいものではない。形の上は、平和と人間平等と人権尊重（人の命は尊い。動物はどうする？）と飢えからの解放が達成された社会になっている。福祉も先進国から順番に一応、制度として行き渡った。

それで、私たちは仕合《しあ》わせか？　仕合わせになったか？

ディストピア思想家①

オルダス・ハクスレー
Huxley, Aldous Leonard

1894～1963。イギリスの小説家・批評家。生物学及び生理学者で、ダーウィンの友人として進化論を広めたT.H.ハクスレーが祖父。母方の大叔父が詩人のマシュー・アーノルドという知的名門の家に生まれた。当初医学を学んだがイートン校在学中に眼病に罹り断念した。オックスフォード大学で英文学を学ぶ。知識人の行動や議論を皮肉な目で描いた作品が多い。J.M.マーリや、D.H.ローレンスをモデルにした人物を配し、音楽形式を小説に適用してみせた「恋愛対位法」“Point counter point, 1928”がある。代表作の「すばらしい新世界」“Brave new world, 1932”は、科学の発達がもたらす暗い未来を描いた反ユートピア小説の先駆的作品である。評論も多い。体に良い気候を求めてアメリカに移住（1937）し、終生カリフォルニアで暮らした。メスカリンによる幻視体験を試みたりした。観念性が強い、極めて主知的な作家である。

（『岩波西洋人名辞典』から抜粋・加筆）

実際の私たちは、息苦しい監視と統制のなかで生きている。ここで、中国が先駆している。私たちはそのあとから付いてゆく。このディストピア思想を作った、最も有名な知識人は、イギリス人のオルダス・ハクスレーである。ハクスレーが書いた『素晴らしき新世界』"Brave New World, 1932"は、現在も重要な、絶望的な収容所国家の実態を描いている。ハクスレーは、学者の一族で、祖父のトーマス・ハクスレーはダーウィンの進化論（エヴォルーション）を強く支持して、一般に広めたイギリスの学者である。

このブレイブ・ニュー・ワールドについてはまた後で説明する。『素晴らしい（しかしゾッとするような）新世界』（ブレイブ・ニュー・ワールド）は、主人公の人物が、未来社会の平和で、人々が統制され尽くした牢獄国家で生きている様子が描かれる。

この次にディストピア文学で、日本人にもっと知られているのは、同じイギリスの作家で独立派左翼のジョージ・オーウェルである。彼が、1949年に書いた"1984《ナインティ・エイティフォー》"である。この『1984年』は明らかにソビエト共産主義体制を強く批判した本である。

このとき、ソビエト・ロシアは、アメリカ合衆国やイギリスと、連合諸国（ユナイテッド・ネイションズ。連合国）として同盟関係《アライランス》にあった。当時の欧米社会は、今の私たち日

ディストピア思想家②

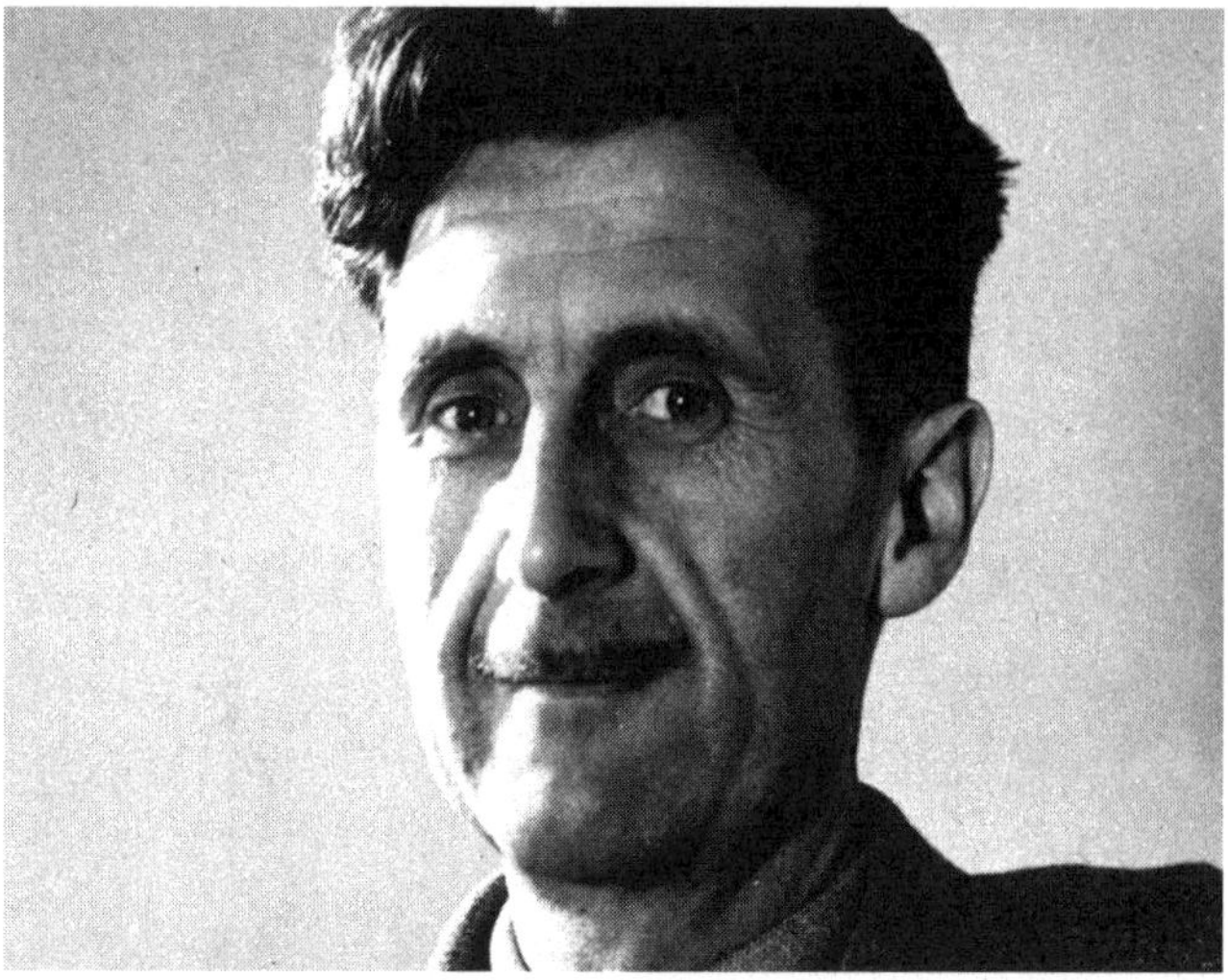

ジョージ・オーウェル

Orwell, George

1903〜1950。イギリスの小説家、批評家。本名 Eric Arthur Blair。父がインド政府アヘン局に勤めていた関係でインドのベンガル州で生まれた。教育のため、幼くしてイギリスに渡り、名門イートン校を卒業。反発して大学には進学せず、インド帝国警察官として5年、ビルマで勤務し、ここから反権力という彼の思想的立場が醸成された。その後、イギリスにもどり（1930、27歳）、様々な職に従事しながら、労働者たちとの連帯の道を探り、スペイン内乱（1936）にも義勇兵として参加した。それらの経験をもとにしたルポルタージュや数多くの評論にその本領がある。小説は「空気を求めて」“Coming up for air, 1939”以外は評価を得なかった。このあと第2次大戦後の、ロシアのスターリニズム体制の確立を機に発表された政治寓話「動物農場」“Animal farm, 1945”と近未来に舞台を設定したディストピア小説「1984年」“Nineteen eighty-four, 1949”で政治権力メカニズムの批判的探究が注目された。46歳で死去。

（『岩波西洋人名辞典』から抜粋・加筆）

本人が考えているよりも、ずっと多くのリベラル派や、左翼たちで満ち溢《あふ》れていた。これが一気に反共主義《アンタイ・コミュニズム》に急変したのは、朝鮮戦争の勃発（1950年6月25日）からだ。

それまでは労働組合運動が激しくて、ヨーロッパ諸国と同じように、日本でも社会主義の政権が生まれて、世界は社会主義《ソシアリズム》に移行していく、と考えられていたのである。

社会主義と共産主義の区別は、簡単にはつかない。このことを言い出すと、どうしようもなくなるので私はやめる。どこの国でもだいたい社会党と共産党があって、その違いはどうなの、という素朴な疑問を持つ人々が多い。それはそれでいい。いくら専門家でもどうせ説明できない。「社会主義段階から共産主義へ」などとバカなことを言うな、である。ここにはもう100年の歴史があるので、このふたつのコトバの違いは誰も説明できない。

今の中国は、「習近平（同志）の（指導する）中国的特色のある社会主義」という体制である。資本主義というコトバは認めないが、市場経済《マーケット・エコノミー》は導入した、となっている。

欧米世界で、（朝鮮戦争が始まった）1950年代から、〝反共主義のバイブル（聖典）〟は次の3冊とされる。

1冊目は、前述したオーウェルの『1984』と『アニマル・ファーム（動物農場）』である。

ディストピア思想家③

フリードリヒ・ハイエク

Hayek, Friedrich August von

1899〜1992。オーストリア人の経済学者。ウィーンに生まれる。一時公務につき（1921-26）、のちオーストリア経済研究所所長となり（27−31）、同時にウィーン大学でも講義した（29−31）。ナチス政権を避けてイギリスに渡り（31）のち帰化（38）。ロンドン・スクール・オブ・エコノミクス教授（32−49）。このあとロックフェラー1世に招かれ米国へ。シカゴ大学教授となる（50、50歳）。ヨーロッパに戻り、ドイツの南のフライブルク大学教授（62−70）、ザルツブルク大学客員教授（70−77）。ノーベル経済学賞受賞（74）。20代で独自の貨幣的景気変動説をとなえ、1920−30年代に論争を巻き起こした。一貫してケインズ理論およびケインズ主義政策に辛辣な批判を加えた。第2次大戦後は、特に「秩序のもとにおける自由」を提唱する新自由主義（ニューリベラリズム。ネオリベラル派とは異なる）の旗手として、この理念の包括的な理論的基礎づけをした。精力的な著作・講演活動を続けた。“鉄の女”英サッチャー首相にも影響を与えた。

（『岩波西洋人名辞典』から抜粋・加筆）

2冊目は、フリードリヒ・ハイエクという、オーストリア人の博学な経済学者が書いた『隷従《れいじゅう》への道 "The Road to Serfdom, 1944"「ザ・ロード・トゥ・サーフダム」』（1944年刊）である。

3冊目は、アーサー・ケストラーというポーランド人の左翼知識人が書いた『真昼の暗黒 "Darkness at the Noon, 1940"「ダークネス・アット・ザ・ヌーン」』である。これは、1938年に、ブハーリンというソビエトの大物指導者を裁判にかけて処刑したモスクワ裁判を題材にした小説仕立ての本である。ブハーリンは凶暴な独裁者のスターリンと同格だった。

ソビエト・ロシアが「収容所国家」であることを、歴史上、初めて書いた左翼知識人はこのアーサー・ケストラーである。だから、反共のバイブル3冊のうちで一番早く共産主義がどんなに恐ろしい体制かを西側世界に報告したのは、アーサー・ケストラーである。

1950年までのヨーロッパで最高級の有名知識人たちは、ソビエトで人類の理想の社会が実現しつつあると信じ込んでいた。それはフランスのアンドレ・ジッドやロマン・ロラン、イギリスのフェビアン協会の劇作家バーナード・ショーや、ケンブリッジ大学の左翼教授たち"ケンブリッジ・レフト"の筆頭であるE《イー》・H《エイチ》・カーたちである。

ディストピア思想家④

アーサー・ケストラー

Koestler, Arthur Otto

1905～1983。ブダペストで生まれる。父はハンガリー系ユダヤ人。早熟で文才を示した。新聞社の通信員として近東やヨーロッパ各地を遍歴した。ドイツ共産党に入党した（1931、26歳）。ロシアを訪れ、ソビエト体制の悪を目撃して、労働者のための理想社会の悲惨な現実を記事にした。モスクワで、反スターリン派の指導者のブハーリン裁判（1938）を取材し、後に小説にした。国際共産党を離党（38）。第2次大戦が始まるとイギリス陸軍に参加。大戦後イギリスに帰化した（48）。スターリニズム批判の政治小説「真昼の暗黒」“Darkness at the noon, 1940”が代表作。『ユダヤ民族の第13番目の支族』“The Thirteenth tribe, 1976”で、今のイスラエルのユダヤ人は6世紀からウクライナに成立したハザール王国（人）で東欧に移動したヨーロッパの白人たちだ、と解明した。「貝殻の中の幽霊」“Ghost in the Shell, 1967”でHolism（ホーリズム、分節しないで全体理解する大きな科学思想）を提唱した。

（『岩波西洋人名辞典』から抜粋・加筆）

あのフランスの哲学者ジャン・ポール・サルトルでさえ、１９６０年代になっても「資本主義社会の悪に比べて、ソビエト共産主義の悪を批判することをできない」という態度だった。ドイツではフルンクフルト学派といわれる学者たちがいて、代表のユルゲン・ハーバーマスがずっと親《しん》ソビエト的な学者であった。

左右のどっちからも嫌われるのが一番いい

なぜ私がこういうことを書くかというと、現在においてもなお、地球上で最も優れた知識人はディストピア思想および全体主義批判を行う人々であるからだ。このことははっきりしている。そんなことは、オレは知らんと言う人もいるだろうが。そうすると、世界で一番優れているこの独立派の知識人、思想家たちは、自分の国で、保守勢力からも、そしてリベラル勢力（左翼を含む）からも、そのどちらからも嫌われる。この特徴と運命を持つ。これが、世界基準で考えた場合に、最も優れた知識人たちが辿った運命なのである。

そして私もまた、この、右（保守）と左（リベラル派を含む）の両方から嫌われ、疎《うと》んじられる世界知識人の流れにどうしても属する。こういうことは、普通は、本に書かないことになっている。何故か誰もあからさまに書かない。日本にも、この「どっちからも嫌われる」独立知識人という人々がいる。しかし出版業界や大学教授たちの世界では、あまり気にかけられることもない。このことはタブー（禁忌《きんき》）になっている。

そうすると、すぐに次に、「右も左も蹴っ飛ばせ」という愚かな標語が生まれる。実につまらない言葉だ。「そんなことを言うお前は何者だ?」と言われる。1970年代に、青島幸雄《ゆきお》（東京都知事になった）と野坂昭如《あきゆき》が、これを選挙に出て使った。

この「自分は右でも左でもない」を言ってしまうと、何か素晴らしい第3の道（ザ・サード・ウェイ）があるように思われる。2000年の、イギリスのトニー・ブレア首相（労働党）がこの第3の道を唱えた。だが、実際はブレアは、労働党のくせに米ブッシュ政権の言いなりで、イラク戦争（2003年3月から）に賛成してイギリス軍を出した。労働党政権なのに、である。だから「右でも左でもない」なる、そんなものはない。

私が18歳の時から書物を通して「この人たちが本物だ」と付き従った、この独立知識人の道は険《けわ》しいものであった。日本でも体制派、保守勢力から嫌われ、左翼やリベラル勢力からも嫌われる生き方を貫くしかない。この独立知識人の生き方というのは、遠目からは偏屈《へんくつ》人間か、すぐにヘンなことを言い出すオカシナ人間という扱いを受ける。「周囲の空気が読めない人間」ともいう。私の先生は、まず吉本隆明《りゅうめい》と小室直樹である。孤立したまま死んでいった。

それでも人間の歴史がここまで来てしまうと、どう考えても、この「両方から嫌われる」のが一番いい。保守派の勢力にも入れてもらえず、リベラル派の勢力からもハジキだされる人々こそが、最も優れた知識人である。私は自分の生き方の、この基本的な軸をはっきりと公表することで、自分の立場を明確にする。

全体主義中国を徹底的に叩く

1冊の本は、ひとつの主張を貫《つらぬ》かなければいけない。そうでなければ、いい本（グッド・ブック）ではない。あれもこれも、でいろいろなことを満載して、たくさん難しいことを書いても、結局、著者は何を言いたいのか分からない。そういう本が世の中にはたくさん有る。

それらの本も、その道の偉い先生が書いた専門の立場からの見解ということになる。だが、ひとつの明確な主張を貫かない本は、どうせ捨てられる。読者が、「訳《わけ》が分からん」

と見離す。そして歴史の藻屑《もくず》に飲み込まれていく。私はそんな本は書かない。これまで書いたことがない。私はいつもハッキリ書いてきた。

私はこの本でも、中国はまだまだ巨大な成長をこれからも続けていくと書く。そしてこのことをどんなに嫌がる人々がいても、この冷酷な事実を認めなければならない、と主張する。もっと明確にいうなら、あと5年で（２０２４年に）中国はアメリカを打ち倒すだろう。この年に中国のＧＤＰは、アメリカのＧＤＰを凌駕して世界一になるだろう。Ｐ１６５の表に示す通りである。

「まさかそんなことはありえない」と、己《おのれ》の偏った反共《はんきょう》精神だけで、中国の動きを見ていたって、どうせ敗北する。このまま放っておけば、今の中国が、政治かつ金融経済でももっと勢力を拡大する。ユーラシア大陸からアフリカまで伸びる。そして海の道を通って中南米諸国まで強い影響力を持つ。それが「一帯一路《いったいいちろ》」戦略である。

こういう事実を見ないふりをして、「中国嫌いだ」「韓国嫌いだ」ばかりを言っている人たちは愚かである。

だが私は、中国の巨大化を、ただ礼賛しているのではない。これは人類が避けて通れない大きな道筋だ。１００年単位で見たときの、人類史（世界史）がたどっている道だ。

ノボシビルスク
シルクロード経済ベルト
ウルムチ
北京
西安
重慶
義烏
ダッカ
インド
鉄道
海路
ハノイ
南シナ海
スリランカ
クアラルンプール
ハンバントタ港
インド洋

海と陸、両方からますます一帯一路(BRI。Belt and Road Initiative)は世界を覆う。

今の中国の体制が挿し進めている現実を遠くから観察して検討していると、それはまさしく前記オルダス・ハクスレーが描いた「ブレイブ・ニュー・ワールド（恐るべき未来社会）」の通りなのである。

私たち人類は、ますます中国化していく。その途中に生きている。

私は、アメリカ帝国と中国帝国がまさに激突している今の時期までは、ずっと中国の肩を持ってきた。中国がこの30年間でジリジリと、しかし一気に力をつけて這《は》い上がってきた。もう日本なんか相手にならない。中国からしたら日本なんか「まあ主要な国のひとつ」ぐらいのものだ。

30年前は、穢《きた》ない国だった。ゾッとするぐらい穢なかった。20年前でもまだ中国は汚れて、貧乏で惨めな国だった。だがこの10年でもう、そんなことはない。ただし中国も辺境の田舎（農村）に行けば、まだ穢《きた》ない。しかし、こういう所でもスマホ決済になりつつある。スマホで農産物を売っている。そうやって辺境の第1級貧困地帯が、急激に貧困から脱出しつつある。それが今の中国の国家政策だ。

日本は、先端技術と製造能力においても、中国の足元に及ばなくなった。日本の大企業であるトヨタやパナソニック（松下）もソニーも日立もＮＥＣも、いま中国に電子部品（デ

深圳の光と闇。网吧《ワンバー》（ネットカフェ）に居ついている中国のジャイアント・ベイビー（オタク）たち。このビルの上の階で彼らは寝泊まりしているようだ。

私はようやくこれらの写真を撮れた。彼らに職はない。しかし、これが人類の未来だ。日本の“秋葉原文明《あきはばらぶんめい》”が、世界に先行し導いてきた。深圳よりも洗練されている。

バイス）を供給（輸出）している。このことは後述（P60以下）する。

中国研究家の近藤大介《だいすけ》氏の言葉によれば、「日本は中国の下請け国家」になってしまった。このことは誰も否定しようがなくなった。私は、この12年間、中国の巨大な成長を冷静に見つめて近《きん》未来予測してきた。中国がそろそろアメリカを追い落とす勢いになってきたので、「中国がんばれ」の応援調《ちょう》を変えなければならない。

中国が、次の横綱、世界覇権国（ヘジェモニック・スライト）なりそうになってきた。中国政府が無自覚に推進している、全体主義国家、ディストピアへの道を今から強く批判しなければいけない。

失礼ながら、日本の反共《はんきょう》保守の皆さんは、世界レベルの知識や学問、思想の勉強ができていない人たちである。私は、彼らに、もっとしっかりした中国批判の基準、基本線、攻撃兵器を与えたい。それは、全体主義中国 Totalitarian《トータリタリアン》 China《チャイナ》 を批判し、現下のディストピアへの道を真っ正面から叩《たた》くことである。

私が前述した〝世界3大反共バイブル〟を、今こそ日本人はみんなで勉強するべきだ。そしてアメリカのハリウッドで作られた、この40年間の映画うち、一番優れた政治映画は、ほとんど全てディストピア未来映画である。このことを知るべきだ。

毛沢東の肖像がある天安門広場に設置されている、監視カメラ。

やがて世界中がこのような姿になる。P7に載せたジョージ・オーウェルの「1984」のビッグブラザー（大きな兄。支配者）が、中国では毛沢東である。

ディストピア映画の歴史的系譜

ディストピア映画の代表的なものを、以下に列挙する。

最新のディストピア映画は、「ジョーカー」である。Ｐ５に写真を載せた。大道芸人で笑われ者のジョーカーが、やがてバットマンと戦う殺人鬼に成長してゆく、その過程をこの映画は描いた。ニューヨークで今年10月に公開してヒットした。すぐに日本の若者たちにも伝播《でんぱ》して、10月31日のハロウィンに、ジョーカー姿の若者たちが街に出現した。

ジョーカーは、こうして悪の世界の独裁者になる。今の現実世界の真の暗さ（自分の未来への絶望）をディストピア（絶望郷）として具現《ぐげん》させた（ＤＯ《デイオウ》画像）。浮浪者（ホームレス）いじめたちに殴られる惨《みじ》めな大道芸人のアーサー・フレックを俳優ホアキン・フェニックスが演じた。これが２０２０年の今の世界だ。全体主義（トータリタリアン）の中国だけの話ではない。

「ブレードランナー」（１９８２年、監督リドリー・スコット）そして、それの35年ぶりの、その後の世界を描いた「ブレードランナー２０４９」。主演のハリソン・フォードが両方に出ている。彼の宣伝用来日の際に私はその姿を見た。そのとき台風が来て、嵐の中、彼は数日、東京のホテルにずっと閉じこもっていたそうだ。高層階ホテルから見渡すディストピア東京をH・フォードは凝視しただろう。酸性雨が降りそそぎ、「強力ワカモト」の看板で有名な、あの「ブレード・ランナー」の世界である。

ディストピア映画の古典（クラシック）に「蝿の王」〝Lord of the Flies, 1963〟がある。日本では、その後、深作欣二《ふかさくきんじ》監督の「バトル・ロワイアル」（2000年）のように描かれることにつながった。絶望郷は活劇ではない。

ロシアの〝未来派〟の小説家エバゲーニイザミャーチンが「われら」（1921年）を書いた。スタニスワフ・レムの「惑星ソラリス」（1972年）につながる。

映画『スターシップ・トゥルーパーズ』（1997年）は、原作者の特異な作家ロバート・ハインラインが、宇宙のバケ物、巨大昆虫《こんちゅう》と戦う戦士たちものとして描いた。日本ではハインラインのリバータリアン思想は今も理解されない。

これらは『月の無慈悲な夜の女王』（1966年作）と関係する。『マトリックス』（1999年、キアヌ・リーブス主演、ラリー＆アンディ・ウォシャウスキー監督）はこの流れだ。ザイオン（シオン）の丘のエルサレム、ユダヤ世界が寓意《ぐうい》された。オーストラリア映画の怪作『マッド・マックス』（1979年）に、砂漠地帯に慌《こう》涼《りょう》と広がる未来社会が描かれた。これからの中国は、超《ちょう》広大な砂漠地帯のタクラマカン砂漠（タリム盆地）に、水を引いてオアシス未来都市を作る。100階建ての高層ビルが1万本ぐらい建つだろう。そこがまさしく今の、新疆ウイグル自治区である。

日本の大友克洋《おおともかつひろ》の秀作『アキラ』（1988年）や、押井守《おしいまもる》の『攻殻《こうかく》機動隊』（1995年）も世界レベルの秀作だ。これを明るく描けば『機動戦士ガンダム』（1981年）だ。地球が核戦争によってほぼ全滅し、わずかに生き残った人間たちというモチーフで描く。当然『猿の惑星』（ザ・プラネット・オブ・ジ・エイプス）シリーズ（1968年から7作）の凄みもこの系譜だ。

『華氏451（度）』（1953年）や『ロスト・ワールド』（1912年）、これらを軽薄に明るくしたのが『ロスト・ワールド／ジュラシック・パーク』（1993年、スティーブン・スピルバーグ監督の恐竜もの）だ。『ソイレント・グリーン』（1973年）が典型的な未来ディストピア映画だ。人々は死んだ人間から再生産される主食を食べる。『12モンキーズ』（1995年）も。『時計じかけのオレンジ』（1971年、スタンレー・キューブリック監督）は女優シャロン・テート惨殺事件（1960年）のあと作られた。

シャロン・テートと夫のロマン・ポランスキー監督の呪われた当時のハリウッドの様子（1969年、ちょうど50年前）を逆手に取って鎮魂、浄化させたのが、クエンティン・タランティーノ監督の最新作『ワンス・アポン・ア・タイム・ハリウッド』（2019年）だ。H・G・ウェルズの「タイム・マシン」（1895年）とジュール・ヴェルヌ原作の『地底探検』（1959年）が古典作品。

日本では「影なき狙撃者」という無意味なタイトルになった『マンチュリアン・キャンディデイト』（1962年、ジョン・フランケンハイマー監督）は、朝鮮戦争で捕虜になった米軍人が、洗脳されて帰って来て、アメリカを乗っ取る計画（今のトランプたちが糾弾するディープ・ステイト）を描いた。

表面は反共《はんきょう》映画のように描かれながら、しかし西側《ザ・ウエスト》資本主義かつ自由主義諸国も、実は同じような牢獄国家である、という2つの体制ともに批判する軸で作られた映画がかなり有る。同じフランケンハイマー監督の「D・N・A　ドクター・モローの島」（1996年）は、真におそろしい。動物を人間に作り変えようとする。

ディストピア映画は、現在の両方の政治体制の悪をえぐり出すように描く。『侍女の物語《ハンドメイド・テイル》』（1990年）は、若い女たちが性奴隷の宮廷侍女として差し出される。マーガレット・

アトウッドの１９８５年の小説の映画化である。ここで、産児制制と計画出産と強制恋愛などの生殖行為が扱われる。

形上は、人間は平等《イークオル》で秩序《オーダー》があり、貧困と動乱がない理想社会（ユートピア）が達成されている。しかしそこでは行動監視と管理と統制が完全に行われている。人間は階級《クラス》に分けられて、その中で自由である。

あの、ここで教えておきますけどね。私は映画評論もやって、これまでに6冊、映画評論の本を書いて出版している。

『シャッター・アイランド』（２０１０年）という精神病院を扱った映画がある。マーチン・スコセッシ監督で、レオナルド・デカプリオ主演。重罪の精神障害者たちを閉じこめている監獄島の病院に、人権無視の疑いで捜査に来たＦＢＩ（連邦捜査局）の捜査官が、実は、本人が入院している精神病者であり、全ては妄想であると描いた映画だ。

『ロボコップ』（１９８７年）という、重体の警察官がロボット、サイボーグに改造されて悪者たちと戦うＢ級映画があった。これもディストピア映画だ。

書き続けると、映画のほとんどは部分的にディストピア映画である。小松左京の「日本沈没」（１９７３年）も、「ノストラダムス」（１９７３年から祥伝社、五島勉）も、天から火の矢が地球に降りそそぐ未来破滅だ。私は、希望に満ちた明るい未来社会を予感、予言しない。中国だけが全体主義のディストピアなのではない。私たちもそれに続くのだ。

前述したジョージ・オーウェルの「1984」（1949年刊）の未来社会は、世界は3つの国（3つの帝国。グレイト・スーパーステイト）に分かれて対立し戦っている。①「オセアニア国」は、今のイギリスと米国とカナダだ。主人公のウィンストン・スミスはこの国のロンドンに住んでいる。②つ目が「ユーラシア国」で、今のロシアとヨーロッパである。③の「イースタシア国」が中国を中心とする、その他の全ての中東、アジア諸国だ。アフリカと南米諸国を奪い合う。まさに、今の3つの帝国（アメリカ、ロシア、中国）そのものだ。

ジョージ・オーウェルのずばぬけた頭脳が現在の世界を予言していた。

オーウェルは、「アニマル・ファーム（動物農場）」を1945年に書いた（42歳）。このあとスコットランドの孤島の寒村に行き、コテイジ（石でできた小屋）に住み「1984」（1949年刊）を書き上げた。このあとすぐ死んだ（46歳）。

小説「1984」からほんの一部を抜粋するので読んで下さい。

「僕たちは生ける屍《しかばね》だ」

「生ける屍だわ」ジューリアは忠告に唱和した。

「そうだ。お前たちは屍だ」鉄のような声が彼らの背後で言った。全てテレスクリーンに見張られていた。

二人は飛び上がるようにして離れた。ウィンストンの内臓は凍り付いたかと思われた。ジューリアの眼には、虹彩の回りにぐるりと白い部分が認められた。彼女の顔色は乳白状の黄色に変じていた。まだ両頬の先端にのこっているルージュの跡が、そのために鋭く際立って、あたかも下地《したじ》の膚《ひふ》とは無関係のようであった。

「お前たちは屍だ」鉄のような声が繰り返した。

「版画の裏側からだわ」ジューリアは小声でいった。

「そうだ。版画の裏側からだ」とその声はいった。「そこを一歩たりとも動くな。次の命令があるまで動くな」

始まったぞ、いよいよ始まったのだ！　二人は立ちすくんだまま、互いに見詰め合うしかなかった。命懸けで逃げ出そうとか、手遅れにならないうちにこの家から飛び出そうとか――そんな気持ちは起こらなかった。壁から聞こえて来る鉄のような声に逆らう、など思いもしなかった。留め金の外れるような金属音がして、ガラスの壊れる音が続いた。額縁の版画が床に落ちて、その後ろにあるテレスクリーンを剝き出しにした。

「これじゃまる見えだわ」ジューリアが言った。

「そうだ。これでまる見えになる」鉄のような声が言った。「部屋の真中まで進め、背中合せに立て。両手を頭の後ろにやれ、お互いに離れていろ」

彼らは触れ合っていなかったのに、ウィンストン・スミスにジューリアの体の震えが伝わった。

「家は包囲されている」とウィンストンがいった。

「そうだ。家は包囲されている」鉄のような声が言った。

ジューリアがかちかち歯を鳴らす音が聞えて来た。

「わたしたち、グッドバイ《さようなら》をいった方がよさそうね」

「そうだ。お前たちはグッドバイをいった方がよさそうだ」鉄のような声がいった。

（G・オーウエル「1984年」早川書房　新庄哲夫　訳）

次に、前記のオルダス・ハクスレー著の「すばらしき新世界（ブレイブ・ニューワールド）」の一部を載せる。

レーニナは首を振った。「過去や未来を考えると気持ちが悪くなる」彼女は格言を受け売りした。「ソーマを一グラム飲めば、現実に行けるわ」

彼女は彼を説き伏せて、四錠のソーマを飲ませた。五分たつと、根も果実も消滅して、ただ現実という花がバラ色に咲くばかりだった。門番から、監督官のいるサンタ・フェから命令で、「保存地区守衛が飛行機をもってやって来て、屋上で待っている」と知らせてきた。二人は屋上に上っていった。ガンマ・グリーンの制服を来た八分の一混血児が、敬礼をして、その朝のプログラムを列挙しはじめた。

10個の主《おも》だった土人部落を空から俯瞰した。そのあと昼食のためにマルペイスの谷間に着陸した。そこの宿泊所は快適だった。土人部落では蛮人たちが多分その夏祭りのお祝いをやっているのだろう。一晩過すのにはよい場所である。

二人は飛行機の席に着いて出発した。十分後には、彼らは文明と未開状態とを画し

オルダス・ハクスレーが1932年に発表した『すばらしい新世界』"Brave New World"（1932年作）が、ディストピア（絶望郷）思想の出発点となった。

作中で「元号」として登場する「フォード」。この元年は1908年、T型フォードが完成した年である。このフォードによる大量生産、大量消費が「すばらしい新世界」の背景にある。

ている国境を越えていた。山を登り山を下り、岩塩や砂の砂漠を横切り、森をぬけ、紫色にみえる深い峡谷の中にはいり、けわしい岩山や峰やテーブル形の山頂《メーサ》を越えた。ただ一直線に、勝ちほこった人間の意図を表徴する幾何学模様のような、高い柵がどこまでもどこまでもつづいていた。そしてその柵の根元には、あちらこちらに、モザイク模様のような白い骨片やまだ腐り切らない死体が、黄褐色の地面の上に黒くみえていた。鹿や雄牛やピューマややまあらしやコヨーテ、そして風にのって来る腐肉のにおいにおびきよせられて、爆死した貪欲なはげたかなどが、そこの破滅的な電線にあまりに近づきすぎたことを示していた。

（オルダス・ハクスレー「すばらしき新世界」早川書房　松村達雄　訳）

オーウェルとハクスレー、2人のディストピア思想の先駆者の作品の片鱗を読んでもらった。あとは自分で手に入れて読んでください。私たちの世界は、確実にディストピアに向かっている。

第2章

貿易戦争から金融戦争へと移り変わった米中対決の構図

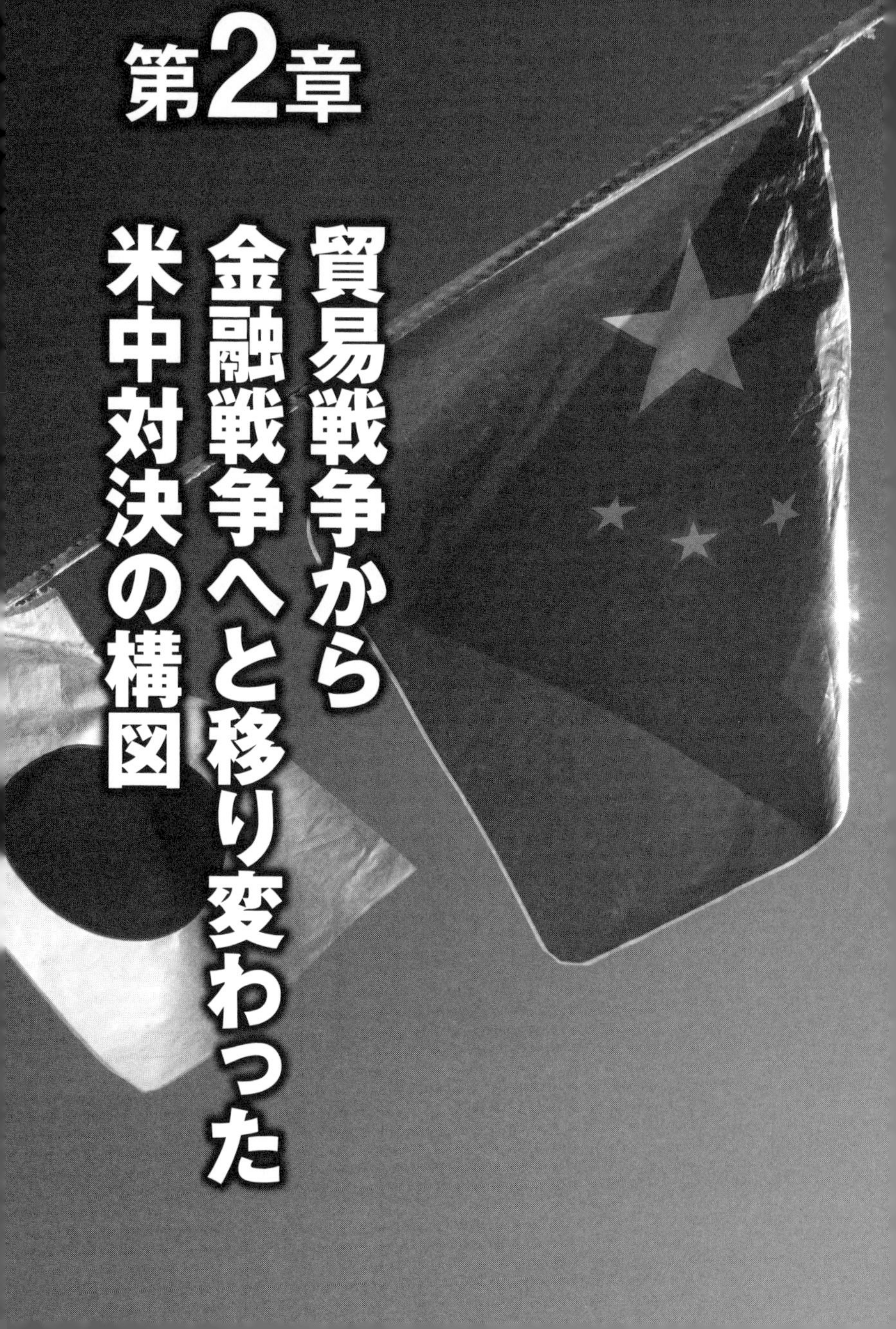

〝卑屈〟なテンセントが金融戦争に勝利する

私が深圳に行って見てまざまざと分ったのは、アリババと双璧をなすテンセント（騰《タン》訊《シュン》控股《コングー》）というスマホ決済の巨大ＩＴ企業が、実は民間企業なのに政治の指図に従う複雑な立場の企業だということだ。テンセントはアカウント保持者、即ち、決済（支払い）口座の保有者が10億人いて、アリババの8億人よりも多い。

アリババは、アマゾンと同じネット小売店から出発した企業である。ｅ《イー》コマースと言う。もっとわかりやすく言えばネット通販屋だ。それに対しＳＮＳ《エスエヌエス》、日本で言えばＬＩＮＥのような会社から始まったのがテンセントだ。今やアリババの「アリペイ」とテンセントの「ウィーチャットペイ」が、巨大な金融機関になってしまった。

⑴スマホ決済の他に、⑵定期預金のような金利が3％くらいつく金融商品も売る（余額宝《ユエバオ》）。そして⑶１００万円くらいの融資もユーザーひとりひとりの信用度に応じて、即金即決で口座《アカウント》に振り込んでくれる。この⑴⑵⑶を併せてやる。ということは、もう銀行と同じだということだ。だから「銀行削減」なのである。これらの巨大スマホ決済企業

深圳はたった40年で最先端のハイテク都市へ発展した。人口は1400万、香港の倍だ。

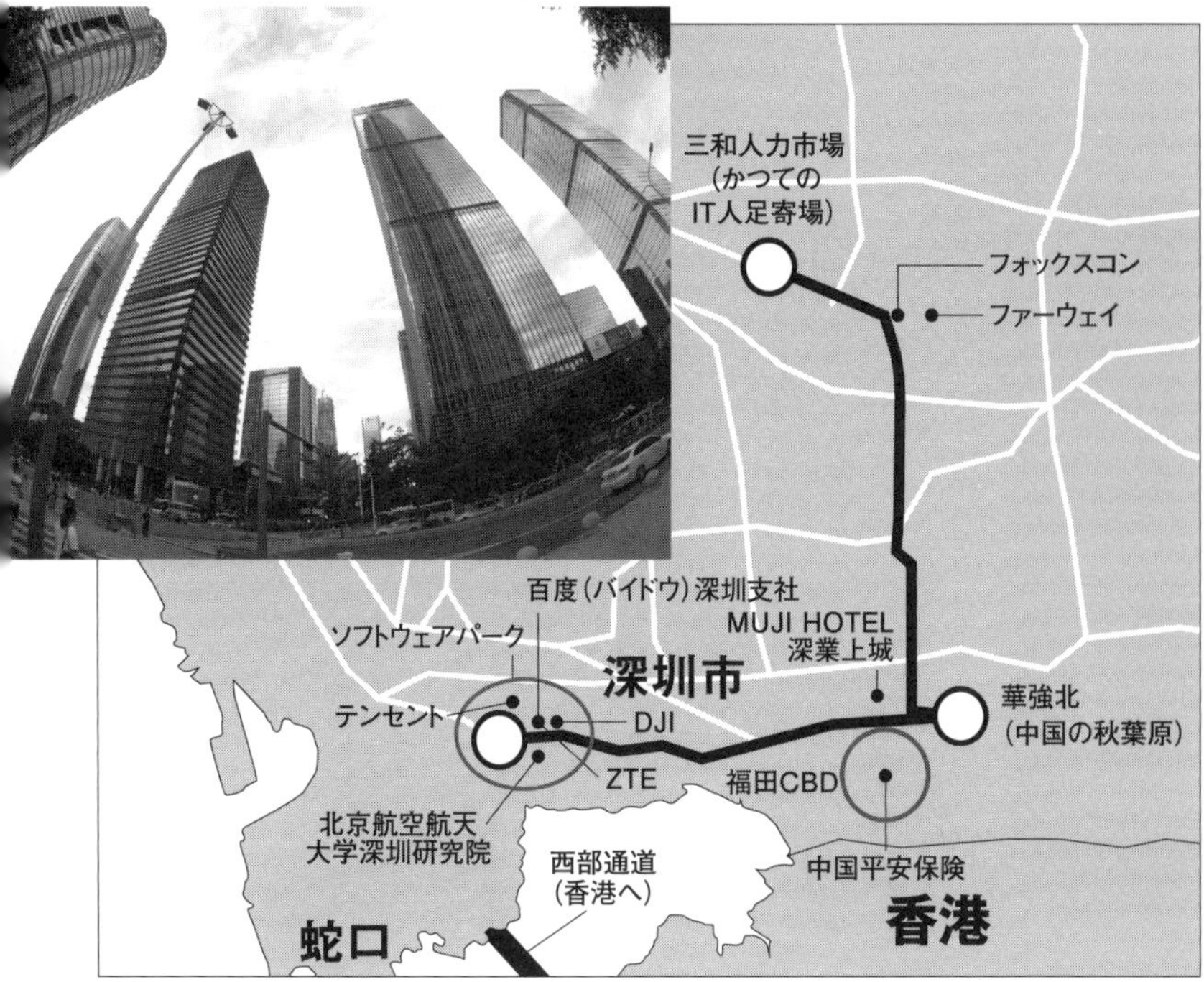

ネットオタクの皆さんは深圳に行くべきだ。私は行ってみて、やっぱり驚いた。米中のファーウェイ（スマホ）戦争を調べに行ったのだが、アニメ、ゲーム、オタク文化の中国の中心地がやはり深圳だった。行って見て回れば必ず得るものがある。

そのものが、銀行なのである。

Ｐ２０１に示した時価総額世界最大企業のなかで、今はアメリカのＧＡＦＡ《ガーファ》４強《きょう》が圧倒的に強い。中国勢のテンセントとアリババは7位と8位に入っている。資産規模では４０００億ドル（50兆円）くらいであり、グーグルやアマゾンに比べたらちょうど半分だ。しかし、あと3年くらいしたら、逆転するのではないか。それくらい、アリババとテンセントの進撃力は強い。ほんの10年前は、世界最大企業と言えば、ＧＥ《ジーイー》とＪＰモルガンチェース銀行とエクソン・モービルのような、アメリカの巨大電機、石油元《もと》売り、銀行業だった。

このときでも、中国工商《こうしょう》銀行（国有でない民間銀行）が10位以内に入っていた。この急激な様変わりは、この先5年、10年でさらなる変化を予測させる。中国のＩＴハイテク企業が、軒並み銀行業務（決済と預金と融資）を主力事業とする世界最大の金融法人になろうとしている。

私は、最近刊の『米中激突《げきとつ》恐慌』（祥伝社、２０１９年11月刊）で、このことを少し書いた。米と中の貿易戦争《トレイド・ウォー》は、ファーウェイ社をめぐる５Ｇ《ファイブジー》を巡るＩＴ先端技術争奪《そうだつ》戦争に姿を変えた。そして、さらに急激に、アリババとテンセントが示す、米中の世界の金融

騰訊控股《タンシュンコングー》（Tencent《テンセント》）は、SNSから出発。ウィーチャットペイで世界の金融を作り変える。アリババが潰れてもテンセントが残る。

スマホを重ねるだけで、お金のやり取りができる。現金を全く使わない中国人が増えている。今はQR（キューアール）決済から顔認証決済へと進んでいる。

支配を巡る、まさしく「金融戦争《キャピタル・ウォー》」に変貌したのである。

テンセントは民間企業である。それなのに、ものすごく中国政府に遠慮して、卑屈なまでに政府の言うことを聞く企業になっているようだ。このことについて、近藤大介氏が書いた『二〇二五 日中企業格差 日本は中国の下請けになるか？』（PHP新書）のなかに極めて的確な評価が書かれている。この本に、最新で最先端の中国の大手IT企業群の様子が刻明に描かれている。

テンセントの新本社ビルの一階入り口には、巨大なサイコロを立てたような人の背丈ほどのモニュメントが建っていた。そこには「跟党《げんとう》一起創業」（共産党とともに創業する）という漢字6文字が彫り込まれていた。そのロゴの脇には、共産党を示す鎌《かま》と槌《つち》のマークが入っていた。つまりは、「共産党に忠誠を誓います」という意思表示だった。

テンセントは、2009年8月、同じ（深圳の）南山区《なんざんく》の高新科学技術園北区に、39階建ての本社ビルを建てている。馬化騰《マー・ファアタン》CEOが、最上階の社長室から隣に立つ母校の深圳大学を睥睨《へいげい》できる場所を選んだのだ。

テンセントのポニー・マー(馬化騰《まかとう》)CEOは、中国共産党の言いなりの自分がくやしい。社員もくやしい。

ポニー・マー(馬化騰)は、自分たちは民間企業なのに共産党に従順であることに苦しんでいる。中国の若者たちとこのことで熱く共感し合う。

それが十年も経たずして、再び本社を移すというのは、いくら社員数が4万人を超えたからといって、おそらく馬化騰CEOの本意ではなかったろう。だが、中国においては、共産党の意向は絶対なのである。

IT企業の側からしてみれば、共産党政権がありがたいのは、第一に、国境のカベを作ってくれることだ。中国政府が、アマゾン、グーグル、フェイスブック、ワッツアップ、ツイッター、ユーチューブ……といったアメリカや他国の巨大なSNSなどを排除してくれるため、それらを真似た中国企業が14億人市場を独占できる。

第2に、豊富な資金援助や優遇税制である。中国政府や深圳市政府、それに国有銀行などが、資金提供や税制面でのバックアップを惜しまないため、IT企業が「孵《ふ》化《か》」「加速」できる環境が整っている。いわゆる「21世紀型重商主義」の「中国模式《もしき》」だ。

（近藤大介著『二〇二五 日中企業格差 日本は中国の下請けになるか？』）

ここに鋭く説明されている通り、テンセントのポニー・マーCEOたちは、自分たちが共産党のいいなりになりながら成長してきたことを、深く自ら恥じている。そして憤っていることが強く伝わってくる。ここが今の中国を語る上で極めて重要なのだ。

銀行消滅とCCTV

アリババとテンセントこそは、中国の巨大成長の秘密なのである。アメリカ政府のファーウェイとの5G《ファイブジー》戦争（ITハイテク戦争）などは、脇役《わきやく》でしかない。アリババ（アリペイ）とテンセント（ウィーチャットペイ）が持つ、スマホ決済機能が、中国国民14億人（本当は15億人だろう）のほぼすべてを網羅している。恐るべきスピードでの銀行機能を持ってしまった。

どうも、世界中の大銀行が、このアリペイとウィーチャットペイの前に屈服して、徐々に潰れていくようである。すなわち、「銀行消滅」である。支払いと送金（決済）だけでなく、個人向けの貸付（融資）と、なんと定期預金などの金融商品の販売までもアリバイとウィーチャットペイは行っているからである。

だから、最近、当たり前のように世界中の先進国の大銀行たちが、「銀行業務のIT化推進のために」と称して1万人桁《けた》で銀行員の削減（リストラ）を断行している。「銀行消滅」

は、もはや冗談ではすまない。私は、『銀行消滅』（２０１７年、祥伝社刊）を書いてこのことを最初に言い出した。

ただし、この中国14億人の新しいお金の決済方法には、大きな欠点がある。それは顔認《かおにん》証《しょう》という国民監視システムの上に出来上がっている。この顔認証は、フェイシャル・レコグニション facial recognition という。今や街路の全てに付いている監視カメラで、全ての中国人の顔は、認証識別される。誰も悪いこと（犯罪）を犯せないので、信用（クレディビリティ）が与えられる。だからスマホ決済で支払いや預金や借り入れ（ロージ）まで即座にできるのだ。

この顔認証の高精度のカメラ、レンズ、画像フィルターの技術は、もとは日本のパナソニック、日立、ＮＥＣ、キヤノンの技術である。

日本のＣＣＴＶ《シーシーティーヴィ》（監視カメラ）の技術から始まった。いまもＣＣＴＶの技術特許数は、隠れた供給源としてパナソニックが一番大きい。このＣＣＴＶは、最初はclosd circuit（クローズド・サーキット）ＴＶ（閉鎖された空間でのＴＶ）だった。今は、community circuit（コミュニティ・サーキット）ＴＶと名前が変わっている。キヤノンも監視カメラで勝負をかけるという。記事を紹介する。

「キヤノン、カメラ生産の新拠点 宮崎で5月稼働」

キヤノンは2019年4月23日、宮崎県でデジタルカメラの新工場の開所式を開いた。主にレンズの量産拠点として5月から段階的に稼働させる。同日会見した御手洗冨士夫会長は「カメラを生産する大分や長崎の拠点に、レンズを供給する役割を担う」と述べた。デジカメ市場は縮小が続くが、自動化技術を取り入れることで生産性を高める。

新拠点の「宮崎キヤノン本社高鍋事業所」は宮崎県高鍋町に位置する。延べ床面積は約5万7000平方メートルで、投資額は約230億円。数年後に1500人規模の体制になる見通しだ。当初は夏ごろの稼働を目指していたが、前倒しする。同県で稼働中の拠点から生産設備を順次移していく。

「今までは全部手作りだったが、ここではレンズもロボットでやろうと考えている」（御手洗会長）消費者向けカメラ以外にもネットワークカメラ（監視カメラ）などのレンズ生産にも取り組む。御手洗会長は、カメラ市場が縮小する一方で「ロボットの目もレンズとセンサーがないといけない。光学産業とみればまだまだ世界は広がる」

と語った。

（2019年4月23日　日本経済新聞）

私も6年前、中国に行ったとき経験したが、警察署で遺失物の取り扱い所で身分証明書（ＩＤ）を作り直すために顔写真を撮られている現場を目撃した。この顔認証と監視カメラのすごさが、これから人類が中国を先頭にして向かっていく、恐ろしい未来社会の現実である。

日本のエレクトロニクスの大企業が、中国製品で一番貢献しているのは、カメラとセンサーとフィルターの電子部品《デバイス》である。ニコンが一番優れたカメラ技術を持っていて、ドイツにも負けていない。カールツアイスやライカと競争している。ここで重要な記事を紹介する。

「米ブラックリストへの報復に「乞うご期待」――中国外務省報道官」

中国は10月8日、新疆ウイグル自治区のイスラム教徒に対する人権侵害の疑いで、トランプ米政権が「中国企業8社をブラックリストに掲載する」と表明したことを受

中国の顔認証の技術はいまや人間の感情まで読み取るレベルに達している。監視社会は中国を先頭にして全ての国家で突き進む。

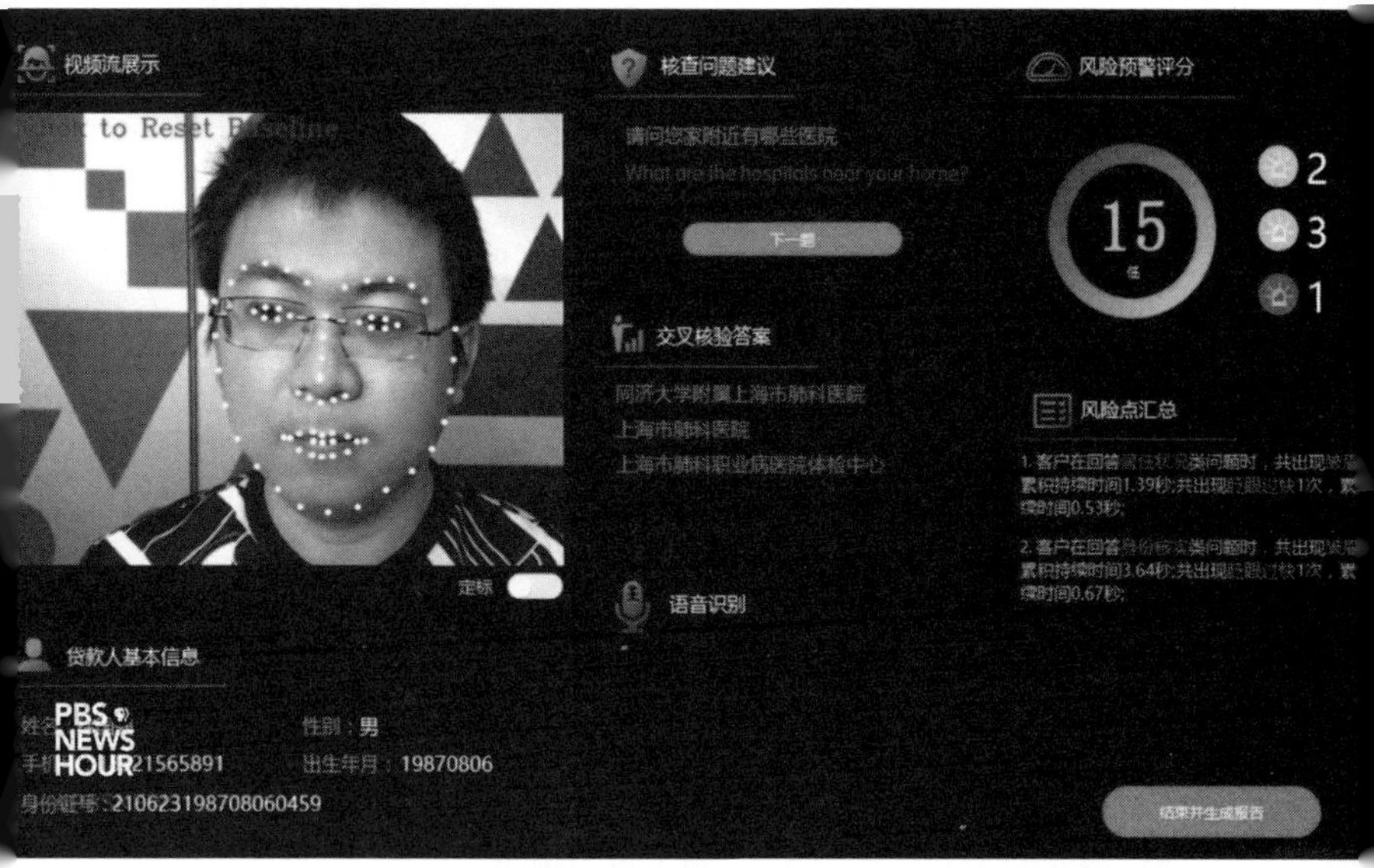

中国で進められる顔認証システム（ facial recognition system、フェイシャル・レコグニション・システム)。犯罪は確実に減っている。11月26日に、日本の大手電機メーカーが軒並み中国の監視カメラ大手2社に委託生産していることが判明した。
日本でも住宅街を含めて、ほとんどの通りに監視カメラが設置されている。このことを知っている人はまだ少ない。

け、「対抗措置を講じる」と示唆した。

外務省の耿爽《しゅうそう》報道官は、北京で開いた定例記者会見で、ブラックリスト掲載を巡り報復するのか、との記者からの問いに対し、「乞うご期待」と回答。同時に、中国政府による同自治区での人権侵害を否定した。

耿報道官は、「米国側が直ちに誤りを正し関連の決定を撤回し、中国の内政に干渉するのをやめることを求める。中国は断固として主権と安全保障、発展のための利権を守るため引き続き確固たる強力な措置を取る」と明言した。

中国と米国は、ワシントンで10月10日に始まる閣僚級貿易協議の準備として事務レベルでの作業に着手。中国は劉《りゅう》鶴《かく》副首相が、予定通り中国の交渉団を率いることを確認した。

米国はこれまで、通信機器メーカー、華為技術（ファーウェイ）などをブラックリストに掲載する際に、国家安全保障上の脅威を根拠としていた。今回は人権侵害という新たな切り口を持ち出した。

米国が標的とする企業には監視カメラメーカー大手の杭州海《かい》康《こう》威《い》視《し》数字技術（ハイクビジョン）と、浙江大華《ダーファ》技術（ダーファ・テクノロジー）が含まれる。両社は世界

中国製の監視カメラ（CCTV）は、今や世界中の人々を監視している。

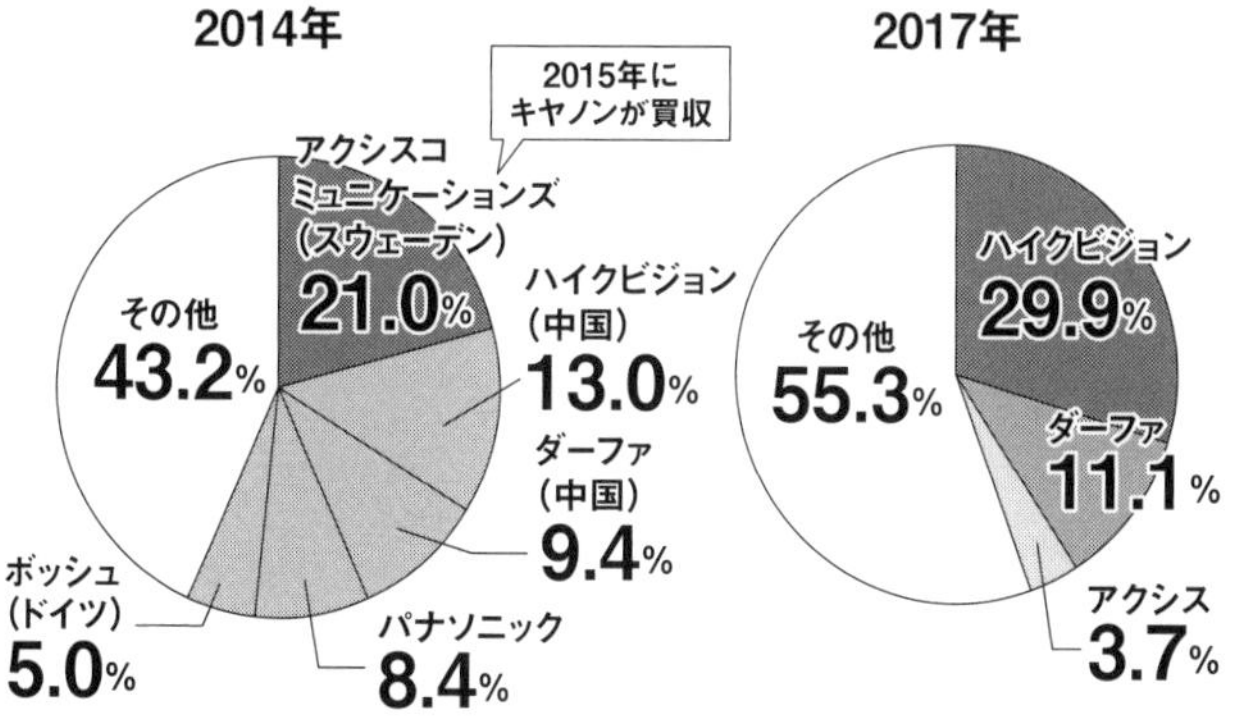

出所：テクノ・システム・リサーチ

で監視カメラ市場の３分の１を占めている。

その他の米国の標的は、顔認証技術で知られるセンスタイム・グループや、人工知能（ＡＩ）スタートアップ企業の、北京曠視《こうし》科技（メグビー）など。リストに掲載された８つの企業は、米政府からのライセンスを得なければ、米企業と取引できない。

（２０１９年10月８日　ブルームバーグ傍点引用者）

このように10月に入って、中国の監視カメラ問題は、ウイグル人弾圧のために用いられることで、人権侵害として論じられるようになった。
最新の記事で、中国製監視カメラに、日本の大手電機会社の画像センサーが使われていることを紹介する。及び、日本の電機会社が、前掲の中国の大手企業にOEM《オウイーエム》で委託生産して、自社ブランドで販売していることも発覚した。これから問題になってゆく。

「中国監視カメラに日本部品　ウイグル弾圧で米制裁対象」

中国の少数民族ウイグル族に対する大規模監視などの弾圧に関わったとして、米国が制裁対象にした中国の監視カメラ大手、杭州海康威視数字技術（ハイクビジョン）に、ソニーとシャープが画像センサーを供給していることが分かった。制裁違反にはならないが、日本の技術が人権侵害に使われた恐れがある。他の日本企業も制裁対象の中国企業との生産委託や共同研究が判明。企業倫理の専門家は人権意識の遅れを指摘した。

ソニーは「人権の尊重を基本方針に定めているが、個別の取引はコメントを控える」と回答、ウイグル族の監視に部品が使われたかどうかの確認の有無についても説明を避けた。シャープは「販売先の情報は開示していない」とした。

HIKVISION《ハイクヴィジョン》の本社は浙江省杭州《ハンジョウ》にある。世界の監視カメラ業界の筆頭だ。

監視カメラ

1位　HIK（ハイク）VISION　　2位　大華（ダーファ）技術

顔認証テクノロジー

Sensetime（センスタイム）　　曠視科技（メグビー）

音声認識

科大訊飛（アイフライテック）

データ管理・分析

美亜柏科（メイヤピコ）

この6社が監視カメラCCTV製造とその関連技術の大手である。日本企業が最高級のレンズやフィルターを供給している。

米政府は10月、ウイグル族監視を問題視し、米国から中国のハイテク8社への禁輸措置を決定した。日本からの輸出は原則、対象外。8社のうちハイクビジョンと浙江大華技術（ダーファ・テクノロジー）は、監視カメラを複数の日本企業のブランド名で受託生産していた。パナソニック、日立、NTT、シャープ、東芝の各社である。

顔認証で知られる商湯科技《しょうとうかぎ》（センスタイム）と、自動運転で共同研究しているホンダは、「現時点で見直す考えはない」とコメント。

（2019年11月26日　共同通信）

監視カメラのもの凄い数での設置は、世界中で起きている。まえがきでも書いた。そのことの人権侵害を批判する声は、皮肉なことに世界中であがらない。今のところアメリカの商務省による、中国の監視カメラ・メーカーへの取引禁止の制裁措置として表われている以外では、ほとんど非難は上っていない。人権団体もリベラル派の人々も、監視カメラ社会、即ち「ディストピア（絶望郷）に向かう世界」に対してまだ抗議の動きを見せていない。

銀行の別名は「信用」

銀行業（金融業）の別名は、「信用」である。確実にお金を払ってもらえるかどうか、が古代から銀行業を生み出したのだ。相手を信用できるかできないかが、すべての商業《ビジネス》の土台にある。お金がスムーズに支払われて、ぐるぐる世の中を回らなければいけない。これが滞《とどこお》ると、社会が停滞《ていたい》して、ひどくなると不況に陥って、恐慌に突入する。だから金融（銀行）とは、信用（クレディビリティ）の別名なのだ。

信用機能が間に立ちさえすれば、お金の貸し借りはスムーズに進む。これを、たかがネット通販《つうはん》屋（e《イー》コマース）のアリババと、SNS《エスエヌエス》の仲間うちのおしゃべりサイト運営会社から大きくなったテンセントがやってしまった。焦げ付き（未償還《みしょうかん》）は0・5％だけだそうだ。なぜなら、全国民が顔認証されているので、逃げられないからだ。

これは全体《ぜんたい》主義（totalitarianism　トータリタリアニズム）の手法であるが、ものすごい信用秩序が中国で確立した。私と中国調査旅行に同行してくれた友人のK君が、自らの体験として教えてくれた。もうアリペイとウィーチャットペイのアカウント(口座名義)は、中国人しか持てないそうだ。彼は外国人（日本人）だが、中国で暮らしたことがあり、古い銀行口座がいくつかあったので、それで辛《から》くもアリババとテンセントのアカウントを維持できたそうだ。

「アリババと魔法のランプ」という面白い記事を書いた日経の記者がいる。「アラジンと〜」ではないことに留意してほしい。孫正義氏のことを皮肉でそう表現したのだ。

「魔法のランプ」とは、孫正義氏が持っているアリババ株26％、14兆円のことである。アリババの創業者のジャック・マー（馬雲《ばうん》）は、自分の真の親分で、最初に資金を出してくれたスティーブ・シュワルツマン（米ブラックストーン会長）を裏切った。アリババをアメリカに渡さなかった。ジャック・マーは孫正義氏と義兄弟である。ふたりは、まったく同じ1990年に、インターネット時代用に、事前に特別に育てられた人材である。

アリババはNY市場から締め出されるのか？

アメリカ政府は、自分を裏切ったアリババに怒っている。だから本気でアリババ株のNYSE《ナイス》上場《リスト》を、廃止する動きに出ている。時価総額で45兆円（4500億ドル）ある大

中国国内だけで1日4兆円を売り上げたアリババは、もはやアメリカ市場など頼りにしない。

2019年11月11日に、アリババが行ったセール「双11（ダブル・イレブン。独身の日）」で、この日、1日の売り上げが2700億元《げん》、4兆円（1元15円で計算）を記録した。

企業の上場を急に廃止すると、大変な打撃が市場全体に起きる。株主たちは大損する。なぜならアリババ株が上場廃止で大暴落すると他の巨大ハイテク企業の株価も下がる。それでもアメリカ政府は、アリババ潰しをやろうとしている。

そこで中国政府とアリババは、急遽、香港市場にアリババ株を移して、新たに上場する計画を着々と実行しつつある。まず120億ドル、1・2兆円の新株発行を実現した。朝日新聞の記事を載せる。

「アリババ、香港に株式上場　今年最大規模の調達額」

中国IT大手のアリババ集団が11月26日、香港取引所に株式を上場した。1株あたりの初値は187香港ドル（約2600円）で、公開価格の176香港ドル（約2450円）を、約6％上回った。アリババは、5億株を公開した今回の上場で、約880億香港ドル（約1・2兆円）を調達した。

調達額としては、今年5月に米ニューヨーク証券取引所NYSEに上場した米配車大手ウーバー・テクノロジーズの81億ドル（約0・9兆円）を上回り、2019年に入って最大規模となった。

ユニコーン企業（企業価値10億ドル以上のベンチャー）も、中国とアメリカの戦い。

ユニコーン企業価値Top10

順位	会社名	価値（10億米ドル）	国	所在地	業種	創業年
1	アント・フィナンシャル	150	中国	杭州	フィンテック	2014
2	バイトダンス	75	中国	北京	メディア	2012
3	滴滴出行（DiDi）	55	中国	北京	シェアエコノミー	2012
4	インフォア	50	アメリカ	ニューヨーク	クラウド	2002
5	ジュール・ラボ	48	アメリカ	サンフランシスコ	電子タバコ	2015
6	エアビーアンドビー	38	アメリカ	サンフランシスコ	シェアエコノミー	2008
6	ルファックス	38	中国	上海	フィンテック	2011
8	スペースX	35	アメリカ	ロスアンゼルス	宇宙事業	2002
9	ウィワーク	30	アメリカ	ニューヨーク	シェアエコノミー	2010
10	ストライプ	23	アメリカ	ロスアンゼルス	フィンテック	2010

国・都市別ユニコーン企業数Top10

1	中国	206
2	アメリカ	203
3	インド	21
4	イギリス	13
5	ドイツ	7
5	イスラエル	7
7	韓国	6
8	インドネシア	4
8	フランス	4
8	ブラジル	4

1	北京	中国	82
2	サンフランシスコ	アメリカ	55
3	上海	中国	47
4	ニューヨーク	アメリカ	25
5	杭州	中国	19
6	深圳	中国	18
7	南京	中国	12
8	パロアルト	アメリカ	10
9	バンガロール	インド	9
9	レッドウッドシティ	アメリカ	9
9	ロンドン	イギリス	9

出所：Hurun Global Unicorn List 2019

警察とデモ隊の衝突から、香港の国際金融センターとしての機能を懸念する見方があった。だが、アリババの巨額上場が成功したことは、香港経済にプラスの要素となりそうだ。

ネットショッピング（E《イー》コマース）が主力のアリババは、２０１４年にニューヨーク証券取引所に上場しており、今回は重複上場となる。調達した資金は、中国の出前《でまえ》サービスや動画サイトの利用者獲得、人工知能の技術開発に使う方針だ。

（２０１９年11月26日　朝日新聞）

このように米中のＩＴハイテク戦争は、金融戦争（キャピタル・ウォー）に姿をどんどん変えつつある。前述したとおりソフトバンクの孫正義氏は、アリババ株の26％を持っているから14兆円分を保有している。これが孫正義氏の、本当の実体のある富の源泉である、これを担保に差し出して、みずほ銀行から17兆円の融資を受けているという。

孫正義氏は自分の本当の親分であるスティーブ・シュワルツマン（巨大投資ファンドブラックウォーター会長、ロックフェラー財閥系）を絶対に裏切ることはできない。アリババのジャック・マーと義兄弟のように育てられた。孫正義氏は最後までアメリカに忠実であり続ける。

その他に、ヤフーの創業者であるジェリー・ヤンも、アリババ株を10％くらい今も持っている。日本でヤフー・ジャパンが「ペイペイ」というキャッシュレスのスマホ決済のビジネスを始めた。ヤフーのペイペイは、中国のアリペイやウィーチャットペイに較べてスピードが遅い。ＱＲ《キューアール》コードの仕組みと衝突しているのかもしれない。

中国のネット世代と実質的なデモクラシー

中国のネット世代の若者たちは、政府に屈服している自分たちが惨《みじ》めであり、極めて不愉快だと強くと感じている。だからといって暴動を起こして今の共産党体制を打ち倒すことは考えていない。何故なら、能力のある者たちは、みんな裕福になったからだ。

だからこのあとＰ90で指摘するが、遠藤誉《えんどうほまれ》女史もズバリと指摘するごとく、中国のネット世代は、スマホの力で、実質的にデモクラシー（民主政治体制）を勝ち取ろうとしている。選挙制度と言論の自由がないことを、スマホ言論で激しく代替している。

中国のネット世代の本心は、一言で言えば、「国有大企業のバカ野郎ども」であり、「公務員や共産党員になるヤツは、根性のない、エリート出世思考のつまらない人間たちだ」である。このように激しく、下から吹き上げる中国民衆の気概と根性を今の中国の若者たちは示している。私たち日本人は、このことを知るべきだ。

だが、公然と共産党に逆《さから》って、反政府活動家（自由人士《じんし》。民運《みんうん》人士という）になるのは恐い。そこまでの政治人間にはなりたくない。私は、前著『今の巨大中国は日本が作った』（ビジネス社）で説明したが、この中国の若者たちの反抗的態度に対して、今の習近平たちは、本当に中国民衆にペコペコしながら生きているのである。中国民衆は、街を歩いていると、「共産党の看板なんか目立つところに出すな」とブツブツ言う。

習近平が、２０１２年10月、党大会の最終日に、自分が党の総書記《そうしょき》（中国共産党のトップ）に就任したときの演説は、本当にすばらしかった。「私たち共産党も、いろいろ反省することがある。私たちも改《あらた》めるから、人民（国民）も努力して共に頑張ろう」という、正直で率直なものだった。

だから「あと5年したら、デモクラシーに中国は移行します。それまで我慢してください」というのが、今の中国共産党指導部の偽らざる気持ちなのだ。私がこれまで何度も書いてきた通り、李克強《りこっきょう》首相（国務院総理《こくむいんそうり》）の勢力である共青団《きょうせいだん》は、やがて中国民主党と

中国マクドナルドはスタッフなし（無人）で購入する。スマホをかざすだけ。

2019年7月27日、深圳の華強北で著者撮影。日本のコンビニ、スーパーも、レストランも、やがて中国を追って「無人化」「スタッフレス」stafflessになるだろう。ウェイトレスもいない。奥に製品づくりラインがあるだけ。

なって下野《げや》する覚悟である。

「自分たちはもう共産党員である必要はないんだ」「私たちは野党となって、中国共産党と普通選挙で票を取り合う、健全な政党になりたい」と考えているのである。

デモクラシー（代議制《だいぎせい》民主政体《せいたい》）とは、これまで何度も書いてきたとおり⑴普通選挙（ユニバーサル・サファレッジ）と⑵複数政党制（マルチプル・パーティー）である。この2つさえ達成すれば民主国家《デモクラシー》なのである。このふたつが実現できないと、世界中が中国を認めない。かつ中国民衆が、もう我慢しない。私は前著でも書いたが、「カネなんかいらない。おカネはもう十分ある（何億円も稼いだ）。もうこれ以上いらない。それよりも言論の自由と思想の自由と、集会の自由をよこせ」なのである。思想と言論の「自由を与えてください」なのではない。「よこせ」なのだ。

　このことを今の日本の中国研究の専門家の多くがまだ、分っていない。私は遠藤誉女史の報告文からこのことを悟った。それと中国人たちの表情とコトバの端々《はしばし》から、察知した。今の中国知識人と芸能人たちは、手を変え、品を変え、言論と表現の自由を追求している。そして、「おー」と拍手かっさいがスマホとネットで挙がる。そこには何千万人もの賛同者がいる。共産党はその声が一番恐い。日本だって同じだ。

香港の学生運動の背後には、米CIA（国務省）と英MI6《エムアイシックス》のなかの強烈の反共主義者たちがいる。それとローマカトリック教会である。

2019年11月18日、香港理工大学で警察と衝突し、火の粉から逃げるデモ隊。いつまで騒ぐつもりなのか。

しかし、中国のネット世代は決して香港の反《はん》中国学生運動を支持しない。なぜなら香港はイギリスによって150年前に植民地《コロニー》にされた自由港《フリーポート》である。

イギリスの無残な砲艦外交（ガンボート・ディプロマシー）で、国を無理やりこじ開けられた。そして、1842年に南京条約を敗戦条約として結んだ。この阿片戦争以来の屈辱が中国人すべての中にある。

あのときから中国は、地獄の150年間を歩んだ。欧米列強《ヨーロピアン・パウアズ》による国土分割と、そのあとの日本軍の侵略でボロボロにされた。だから一番悪いのはイギリスだ。日本の中国侵略は、イギリスとアメリカに深く仕組まれてやらされた。「日本を中国にぶつけよ」だ。今もそうである。中国人はこのことを腹の底から分かっている。しかし、口には出さない。

だから、長く（165年間）イギリスの植民地にされた香港で、学生と民主派議員が、港独《こうどく》（香港独立）を叫んでも無駄だ。欧米列強による激しい植民地支配を受けて、地獄の苦しみを味わった中国（人）は、絶対に香港独立を許さない。だから中国のネット世代は香港独立を絶対に支持しない。冷ややかな目で見ている。日本人だって黙ってじっと見ている。

ファーウェイは完全な民間企業だ。だから中国の若者たちに強い人気がある。国有企業は嫌われている。

深圳のファーウェイ本社前。高層ビルにしなかった。「エレベータの時間がムダだから」だそうだ。8万人が技術者で8万人が労働者。スマホ工場はもっと北の東莞《ドンガン》市に移した。5G《ファイブジー》の世界規準はファーウェイのものだ。アメリカ政府も自分の負けを認めている。

ファーウェイはアメリカのいじめに負けなかった

香港は徐々に中国本土《メインランド》に飲みこまれるだろう。今回調査に行ってよーくわかった。それでも、2047年まで「一国二制度」はこのまま強固に続ける。イギリスとの約束どおり、あと27年もある。港独《こうどく》（香港独立運動、民主人士《じんし》）の学生たちの激しい抵抗が鎮圧されたあと、中国の力がさらに強まる。香港は、中国の領土《テリトリー》（国土）の一部だ。この事実に反論はできない。

香港人が暴れて抵抗したあと、香港は、イギリス式の教育制度を廃止してゆく。中国政府は意識的に香港の北側一帯の深圳市を、巨大なハイテク・シティにしてしまった。中国全土からネット世代の若者が500万人ぐらい集まっている。

金持ちの息子から、野心に満ちた若者まで、そして労働者として職を求めていろいろな人が集まっている。成功者は、ファーウェイ社から年収2億円（1300万元）とかの高額の給料をもらっている最先端のエンジニアたちだ。

ファーウェイのCEO任正非《じんせいひ》が、2019年5月20日にこう言った。「ファーウェイは

ファーウェイの任正非は「10年以内に6Gを実用化する」と断言(2019年10月16日)。ファーウェイは少しも負けていない。アメリカのほうが劣勢だ。

娘の孟晩舟が囚われているカナダのバンクーバーで、次の米中首脳会談が開かれるだろう。ただし、米中は当然全面合意などできない。

長い間、北京の共産党政府からもずっといじめられてきた。いつ、潰されるかわからない状態だった」と。だから任正非は、「ファーウェイの将来を危ぶんで、アメリカの企業になってしまおうとした。全株式をアメリカのモトローラ社に売ろうと考えた」。2000年のことである。

ところが2003年に、モトローラ社は役員会で、ファーウェイの買収を取りやめた。当時アメリカの半導体の最大手であったのに。だから任正非は「このままでは危ない」と思って2004年に、半導体を自社向けだけに開発販売する半導体設計（のみの）会社ハイシリコンを設立した。このハイシリコンが、米クアルコムに負けない最先端のスマホ用半導体を設計している。製造は台湾のTSMC《ティエスエムシー》（台湾積体電路製造）に委託している。

今はファーウェイ社の株式の98％は、社員、従業員たちが、従業員持ち株制度で所持している（やや複雑なしくみ）。任正非は2％しか持っていない。今では有名な話になった。16万人ファーウェイ社員のうち、8万人が技術者で残りの8万人が工場労働者である。日本支社にも2000人くらい社員がいる。大卒初任給40万円、で話題になった。

ファーウェイの技術者のなかに天才級の者たちがたくさんいる。世界中からどんどん採用している。アメリカのクアルコム社の世界最先端の半導体を、あと2年で乗り越えるものを作っている。いや、ハイシリコンはすでにクアルコムを追い抜いたらしい。日本人の技術者たちがひそひそと、そう言っている。秘かに量子コンピュータも作っている。

噂《うわさ》では、ファーウェイの天才技術者たちが、数学では不可能とされる「三体《さんたい》」問題"The《ザ》 Three-Body《スリーボディ》 Problem《プロブレム》"を解いて0《ゼロ》と1《イチ》で計算する従来型コンピュータ（フォン・ノイマン型）を超える「重ね合わせ」理論で量子（quantam《クワンタム》）コンピュータを完成させたらしい。そうなると中国はアメリカを超えた。中国はアメリカを打ち倒すだろう。

もう一つの世界最高級の半導体を作っているのが、韓国のサムスンだ。このサムスンがひそかに中国政府とつながって、最先端の半導体技術を中国にどんどん提供している。このことはＰ97以下で詳しく書く。

ファーウェイの現状について最新の記事を載せる。

ファーウェイはアメリカ政府によるいじめと締め付けに少しも負けていない。それどころか出荷台数と売り上げが伸びている。あれほどアメリカ政府に痛めつけられて米中ハイテク戦争の火中《かちゅう》の企業になったのに。

ブルームバーグの11月の記事である。

「ファーウェイ、スマホ出荷20％増予想
トランプ政権の禁輸措置効かず」

中国の通信機器メーカー、華為技術（ファーウェイ）は、来年のスマートフォン出荷を20％増と見込んでいる。ファーウェイは、グーグルのソフトウエアを含め米企業からの部材調達を禁じられている。ファーウェイの明るい見通しは、トランプ政権がかける圧力が効果を発揮していないことを示唆する。

サムスン電子に続く世界2位のスマホメーカーとなったファーウェイは、「巨大な中国市場と独自開発のソフトウエアを頼りに好調さを維持する」と、同社のコーポレート戦略プレジデント、ウィル・チャン氏は述べた。同氏はブルームバーグのインタビューで、「スマホ製造に必要なハードウエアの調達は（米の禁輸《エンバーゴウ》による）支障はない」と述べ、その理由として「（供給元が世界に広がっていて）どこからでも調達できるからだ」とした。

深圳本社で行われたインタビューで、チャン氏は「当社の米国のパートナー企業にとって、米国だけを供給元とする必要はなく、グローバルな規模で解決できる方法は

いくらでもある」と述べた。

同氏によると、「これまでは我が社のスマホ出荷の目標は1つだった。だが、市場の不透明感の高まりを背景に、現在は最高と最低のシナリオを含む3本の目標を立てている。中間的なシナリオで、来年のスマホ出荷は、約20％増と想定されている。これは最も悲観的な見通しであっても、これよりも小幅な伸びが予想できる。最高のシナリオでは40％増を見込む」と言った。

ファーウェイを創業した任正非《レン・ジャンフェイ》最高経営責任者（ＣＥＯ）は、「米国の措置によって我が社の売上高は３００億ドル（約3兆３０００億円）押し下げられる（減少する）だろう」と示していたが、その見通しはその後１００億ドルに縮小された。チャン氏は今回のインタビューで、さらに「１００億ドル未満」と修正した。

（２０１９年11月6日　ブルームバーグ）

アメリカと中国の睨み合いは続く

12月15日に行われる予定だったトランプと習近平の会談は、２０２０年に持ち越された。

追加の制裁関税の第4弾である1600億ドル分の実施が12月15日である。両首脳はそれまでに「米中戦争の部分的な打開をしたい」とどちらも思っていた。そのためには、部分合意の調印を2020年中にトップどうしで行われなければならない。その場所はおそらくカナダのバンクーバーであろう。

トランプも習近平も、「お前がこっちに（アメリカに）来い」「お前のほうこそ（中国に）来い」と言い合った。両雄がぶつかり合うドスコイ勝負だから、どうしてもこうなる。相手の弱みを見つけながら、つばぜり合いをやっている。今も出国禁止でバンクーバーで足止めされているファーウェイの孟晩舟《もうばんしゅう》CFO（任正非の長女）を、カナダ政府がここで出国、解放する。カナダ政府としては、その代わりに中国で捕まっている007のジェームズ・ボンドそっくりの、かっこいい国家情報官（インテリジェンス・オフィサー）2人を取り戻したい。まるでスパイ交換映画のようなシーンでやってみせれば面白い。

だいたいカナダ政府が、アメリカ政府のチンコロ（家来）になって、孟晩舟を捕まえた（2018年12月1日）のが間違いだ。私は驚いたが、カナダの王立騎馬警察隊（ロイヤル・カナディアン・マウンテッド・ポリス。国境警備隊かつ政治警察《ソート・ポリス》）が、自国の法律ではなく、アメリカの法律にもとづいて逮捕したのが問題なのだ。

アメリカの国務省とCIAに頼まれてそれにホイホイと乗ってしまったのだ。みっともない国だ。カナダも、日本と同じくアメリカの属国であることがバレてしまっている。怒ったカナダの駐《ちゅう》中国大使が、ジャスティン〝ビーバー〟・トルドー首相（人気ばっかり気にする気のいい兄ちゃん）に「こんな馬鹿なことを主権国家《ソブリン・ステイト》としてやってはいけない」と辞表を叩きつけた。

ファーウェイが、5Gの世界規準を握っていることは、もうはっきりした。アメリカ国内の通信系のエンジニアたちも全員、分かっている。ヨーロッパや日本のIT技術者たちも皆、知っている。ヨーロッパ諸国は、イギリス、ドイツ、フランスを含めファーウェイの基地局（セル・ステーション）をどんどん買っている。かつファーウェイ社に自国のIT企業の電子部品をばんばん輸出している。

日本はNTTドコモなど、アメリカの顔色をうかがって、ビクビクしながら「ファーウェイの基地局は買わない、使わない」と、2019年5月18日に公表した。しかし、裏でコソコソとファーウェイの通信システムを買っている。この動きはとめられない。「安くて良いもの、は買われる」のである。

日本の量販店では、今もファーウェイの最新スマホが売られている。さらには、オッポ

（ＯＰＰＯ）に続いてシャオミー（小米）が２０１９年に上陸した。ヴィヴォ（Ｖｉｖｏ）も来るだろう。これらが日本でもよく売れる。なぜなら性能が良くて安いからだ。

中国人は国有企業が嫌い、民間企業大好き

このファーウェイ問題で、私がきわめて重要だと思ったことが、遠藤誉《ほまれ》女史がネット上に書いている評論文にあった。遠藤女史が、この1年間の米中ハイテク戦争で大変心配していたことがある。それは、習近平体制の命令で、ファーウェイが国有化されるのではないか、という危惧であった。ファーウェイは、同じく深圳に本社があるＺＴＥ《ゼットティーイー》というライバル会社とずっと競争して闘ってきた。

「華為ファーウェイを米国に売ったのはＺＴＥか？——中国ハイテク「30年内紛」」

新しい民主化の形

ファーウェイのライバル企業ZTEは、先に米に屈服した。そして自分たちの弱点と欠点を米に白状した。

深圳市のテクノパークの中心にある本社。この周りに、中国のいろんな大学の技術開発センタービルが有るのが印象的。中国天航《てんこう》（宇宙ロケット打ち上げ企業系）のビルも有った。

なぜハイシリコン（引用者注。ファーウェイの内生子会社《ないせい》。半導体の設計をする）がトップを走り続けているのか？

人気があるからだ。

若者が「一党支配体制を好んでいない意思表示」を、華為のハイテク製品を購入することによって表現しているのである。これは、一種の、経済力を付けてきた若者たちによる、新しい形の選挙に等しい。

筆者は少なからぬ中国の若者を取材してきた。

異口同音に言うことは、「華為（ホァーウェイ）は頑張ってます。私たちは華為を、そして何よりもハイシリコン（海思、ハイスー）を応援しています！」という声だ。「国有企業なんて、誰が応援するものですか！　私たちは、何を買うかによって、一党支配体制への無言の抵抗を表現しているのです！　ほかにどんな手段がありますか？」と、本音を教えてくれる若者さえもいる。

おお――！

これは中国の新しい民主化の形なのかもしれない。

孟晩舟（2018年12月1日。カナダのバンクーバーで逮捕）が本当は何をしたの

ファーウェイと、その内生《ないせい》子会社のハイシリコンは、決して国家、政府になびかない。だから若者に人気がある。

2019年第1四半期の世界半導体メーカー売上高ランキング

2019年第1四半期 順位	2018年第1四半期 順位	メーカー名	国名	2018年Q1 売上高 (100万米ドル)	2019年Q1 売上高	成長率
1	2	インテル	アメリカ	15,832	15,799	0%
2	1	サムスン	韓国	19,401	12,867	▼34%
3	3	TSMC	中国(台湾)	8,473	7,096	▼16%
4	4	SKハイニックス	韓国	8,141	6,023	▼26%
5	5	マイクロン	アメリカ	7,486	5,475	▼27%
6	6	ブロードコム	アメリカ	4,559	4,375	▼4%
7	7	クアルコム	アメリカ	3,897	3,722	▼4%
8	9	テキサス・インスツルメント		3,566	3,407	▼4%
9	8	東芝／東芝メモリ	日本	3,827	2,650	▼31%
10	12	インフィニオン・テクノロジーズ	ドイツ	2,267	2,253	▼1%
11	10	NVIDIA(エヌヴィディア)	アメリカ	3,108	2,220	▼29%
12	11	NXPセミコンダクターズ	オランダ	2,269	2,094	▼8%
13	13	STマイクロエレクトロニクス	スイス	2,214	2,066	▼7%
14	25	ハイシリコン	中国	1,245	1,755	41%
15	19	ソニー	日本	1,535	1,746	14%

出典：IC Insights

か、明らかになるのは、いいことだろう。

経営者が誰であろうと、華為の株の98・7％は従業員が持っている。だから若者はこの会社で働こうと意欲を燃やす。経営者側には１・３％の利益しか入らないので、経営者が誰であるかは大きな問題ではなく、しかも会長は輪番制だ。

（２０１８年12月12日　ヤフー連載寄稿遠藤誉氏の文）

ＺＴＥは、先にアメリカ政府に叩かれた。そして屈服した（２０１８年6月）。アメリカの技術を盗用、泥棒していた事実を認めた。賠償金10億ドル（１０００億円）を払ってアメリカ製の半導体や電子部品を使うことを認められた（だが、再び他の企業たちと共に取引禁止にされた）。

どうやらＺＴＥがファーウェイの弱点をアメリカ側に教えたらしい、と遠藤女史は書く。こういう中国側の内部の争いもある。ＺＴＥは、深圳市《し》が出資して作った会社だ。実際は中国の国有企業だ。

最近、ごく少数の専門家たちが知っている、驚くべき事実がある。天才技術者が、ＺＴＥにいる。彼が量子コンピュータを完成させたらしい。この男は、中国人だが、正確には北朝鮮人で旧満州の辺りの出身だろう。

遠藤女史が心配していたのが、習近平がアメリカ側からの圧力を受けて、急速に「中国製造2025」計画を推し進めるために、ファーウェイを国有化するのではないかという惧《おそ》れだった。

結果として習近平はもっと賢かった。なぜならアメリカ商務省《コマース》やUSTR《ユーエスティーアール》と、IT戦争で、戦いの渦中にあるファーウェイを、中国共産党といえども、もはや簡単には扱えなくなった。それまで、ずっとファーウェイを北京政府は冷たく扱っていじめてきた。ところが今回、北京政府は、ファーウェイを政府と対等に所遇する相手と認めて、ファーウェイを防御するという態度に出た。それが前掲の遠藤女史の文である。

ここで大事なのは、中国の若者たちが、スマホを使って行うネット言論の激しい書き込みで、「ファーウェイ　加油《ジャヨウ》（がんばれ）！」という愛国主義の熱烈な支持をこの4月～7月に起こしたことだ。それはなぜかというと、ファーウェイが純然たる民間企業であり、30年間（1987年創業）、中国政府の指図《さしず》や命令を聞かないで、淡々と世界一の技術力を蓄えて（特許出願数、世界1位）きたからだ。中国の若者たちは国有企業と公務員（共産党員）が大嫌いなのだ。この事実が非常に大きい。

中国国民は、選挙権と言論の自由がないので、こういうネット言論という形で、純然たる民間企業であるファーウェイを応援する。遠藤誉女史が、こういうことをはっきりと書いて、私たちに教えてくれることが重要なのである。国有企業で働いている従業員は、共産党員が多い。「どうせ高い給料だけもらって遊んでいる」と思われている。今の中国のこの鋭い局面を理解することが大事だ。

半導体製造の切り札、紫光集団

習近平は、ファーウェイ社を強制的に国有化しないで、どうやって最先端の半導体技術を国家戦略に取り込んだか。ここが大事である。習近平は、自分の出身大学である清華《せいか》大学が出資して作った紫光《しこう》集団に、西安の郊外にも巨大な半導体工場を作らせた。そこに、6年前（2013年）から韓国のサムスンの世界最先端の半導体の工場が有ったからだ。サムスン電子が最高級の半導体技術を持っている。その技術をコッソリと紫光集団に与えている。ということは、習近平は、ファーウェイをアメリカとの闘いの矢面に立たせてほったらかしにして置いて、自分が率いる紫光集団に、もの凄い勢いでスマホ用の半導体

5Gでもそれ以外でも、特許数の世界トップはファーウェイだ。日本は上位10社に各々1社のみ。これが現実だ。

5G関連特許（ファミリーパテント）出願数世界Top10

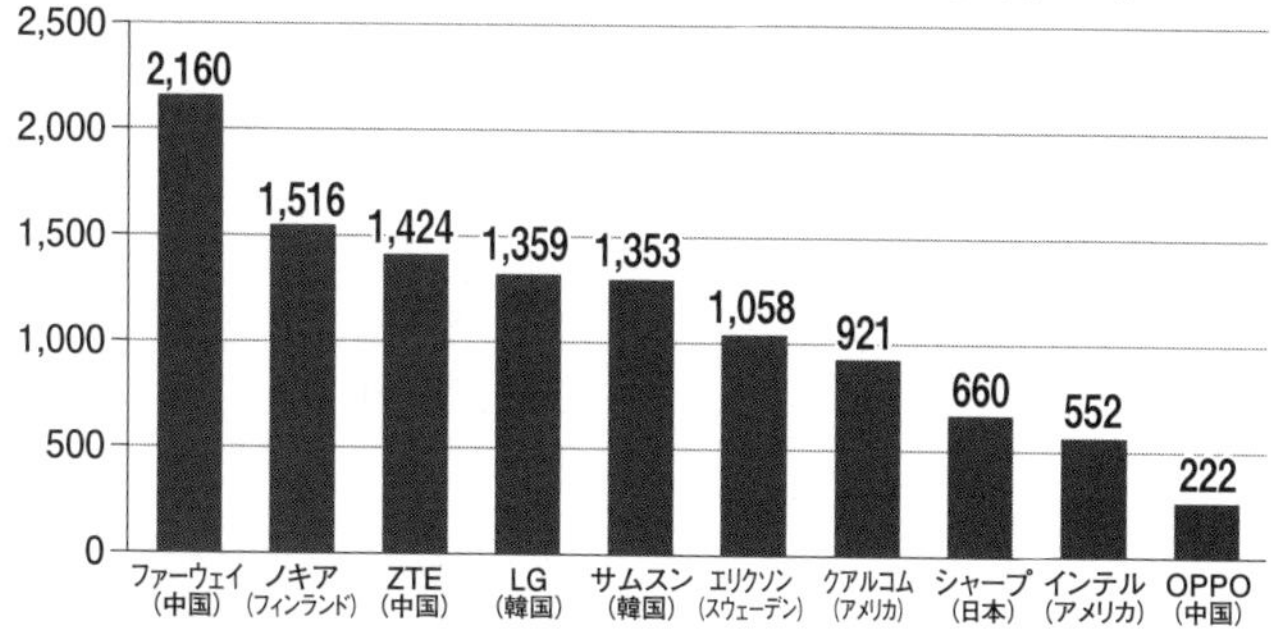

特許出願数世界Top10

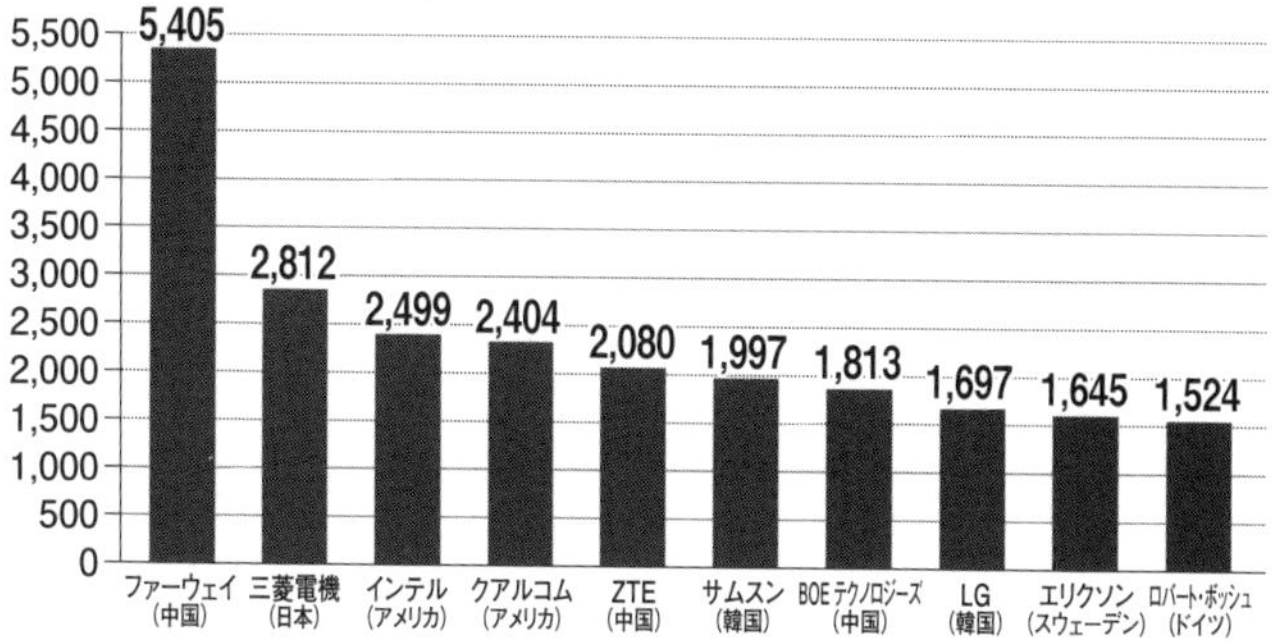

出所：Patent Cooperation Treaty Yearly Review 2019

国営企業は世界的傾向として、特許申請しないで秘密のまま保持する。盗まれて真似されることを恐れる。とくに軍事用技術はそうだ。しかし後発国の中国は、そんなことは言ってられなかった。ファーウェイ以下どんどん特許申請する。秘密を抱えている組織はかえって弱い。

を作らせている。

私はこのことに関して、6年前のことを思い出す。肖敏捷《しょうびんしょう》氏という中国人研究者がいる。大和総研とSMBC日興証券のエコノミストを務めていた。肖氏と私は一緒の日に講演を行ったことがある。

ちょうどそのとき、朱健栄《しゅけんえい》・東洋学園大学教授が、中国政府に捕まっていた（2013年7月17日、拘束された）。朱健栄氏は日本にいる中国人学者たちの代表で長老格だ。朱健栄氏は、6カ月後に釈放された。このあと何も発言しなくなった。「日本天変《てんぺん》」（2009年刊）という中国語の本も書いている。「天変《てんぺん》」とは政権がひっくり返ったことだ。朱氏はきっと、中国のCIAである国家安全部《あんぜんぶ》の取調べを受けて、「お前は、日本政府に中国の国家情報を教えた。日本のスパイになったのではないか」という嫌疑を受けた。私には、それが具体的に何の情報だったのか、分からなかった。私はその場で肖敏捷氏に聞いた。

「朱健栄氏は大丈夫ですか？」

彼の表情は厳しく、全身が小さく震えていた。重要なのは肖敏捷氏がこの日の講演で話したことだった。

「韓国のサムスンが、西安の郊外に巨大な工場を作っています」

という内容だった。

あとから6年経《た》って、私の脳のセンサー（感知器）がピンと動いた。全ての話が一瞬でつながった。今考えればサムスンが紫光集団と組んで半導体を西安で作り始めていた、ということだ。6年も前のことだ。国家間《かん》の最先端の情報戦争とはこういうもので、この時、始まっていたのだ。

日経新聞の中沢克二記者の次の記事が重要である。ここに真実が書かれている。

「中国製造2025」は封印 目立たぬように技術開発

「全面的な量産体制確立を急げ」

中国内陸部、湖北省武漢《ウーハン》市郊外に紫色を配した真新しい巨大工場がそびえ立つ。中国の国家主席、習近平（シー・ジンピン、66歳）の母校、清華《せいか》大学傘下の半導体大手、紫光《しこう》集団の子会社、長江存儲科技（長江メモリー・テクノロジーズ）。紫は清華大のイメージカラーだ（引用者注。米ハーヴァード大学のスクールカラーのクリムゾン（紫）

を模倣した）。

長江メモリーの共同最高技術責任者、程衛華《ていえいか》は、9月2日、中国企業として初の、3次元NAND《ナンド》型フラッシュメモリーの量産を発表した。「急ぐのは華為技術（ファーウェイ）の要請があるからだ」工場関係者は漏らす。

中国は、原油を超える、年3千億ドル（約32兆円）以上、半導体を輸入する。半導体は中国の「弱点」だ。2018年、米企業との取引を断たれた国有通信機器大手、中興通訊《ちゅうこうつうじん》（ZTE）は、半導体を調達できずに白旗を揚げた。米中貿易戦争が長期化するなか、長江メモリーへの期待が高まる。

「中国製造2025を口にするな」習側近がひそかに命じたのは、米中対立が激化した19年初めのことだ。「2025」専用ホームページの更新が止まった。首相の李克《りこっ》強《きょう》（リー・クーチャン、64歳）は、3月の全国人民代表大会（国会に相当）の政府活動報告で触れなかった。

2025は、習が2015年に打ち出した看板施策だ。最高指導者の発言を繰り返し宣伝するのが共産党のセオリーだ。だが、米国の標的となったため、「異例中の異例」（幹部）として封印。改革開放にカジを切った鄧小平の「韜光養晦《とうこうようかい》（強くなるまで爪

紫光《しこう》集団は、西安にも拠点を設けた。西安紫光国芯《こくしん》である。インテルともサムスンとも組んでいる。

2009年に破綻したドイツの半導体メーカーの西安工場を、紫光集団が引き継ぎ紫光国芯となった。サムスンも西安に巨大工場を設置している。この2つが深くつながる。

を隠す）」路線に転じた。

「半導体は、ヒトでいえば心臓だ。トップに向けてよじ登れ。中華民族の偉大な復興に貢献しろ」習自ら2018年に武漢で発破をかけたとおり、半導体の重要性は高まるばかり。18年に20％未満だった自給率を、20年に40％、25年に70％に引き上げる目標は降ろしていない。

「半導体の工場を相次ぎ建設する」紫光の董事長、趙偉国（52歳）は、8月27日、習側近の陳敏爾《ちんびんじ》（58）がトップを務める重慶市を訪れ、21年のＤＲＡＭ《ディーラム》（半導体）の量産をめざす新工場建設で合意した。

今年8月19日、ファーウェイ最高経営責任者の任正非《じんせいひ》（74）は、「我が社は、最も危機的な時期を乗り越え世界を制覇する」と述べたメールを全社員に送った。同じ日、米商務省は、制裁強化を発表した。これに対抗してファーウェイ社は、半導体の内製化を推し進める。その後ろには隠した爪を研ぐ中国企業がずらりと並ぶ。任の思いは、習のハイテク覇権の夢と重なる。

（2019年9月24日　日本経済新聞）

郵便はがき

料金受取人払郵便

神田局
承認
7806

差出有効期限
2021年
10月20日まで
(切手不要)

101-8796

509

(受取人)
東京都千代田区神田神保町3-2-1
サンライトビル401

ブレイントラスト企画
副島隆彦の
"予言者"金融セミナー 第19回 行

フリガナ お名前　　　　　　　　　　　　様	性別	男・女
	年齢	歳

2020年3月15日(日) 副島隆彦《そえじまたかひこ》の“予言者”金融セミナー第19回に、申し込みます。	お申し込み人数 名
ご住所　〒　　－	
TEL	FAX
携帯番号	
e-mail　　　　@	
会社名(お申し込みが法人の場合)	
通信欄(副島先生へのご質問、ご要望は、こちらにご記入ください)	

収録DVDのご注文　ご希望の欄に ☑ をつけてください

□ 第1回～第17回 よりどり2本セット **13,600円** 第(　)回と第(　)回　※ご希望の回を○にご記入ください。このハガキでのお申し込みに限ります。

□ 第1回(2011年3月27日) **9,800円**	□ 第10回(2015年9月　6日) **9,800円**
□ 第2回(2011年7月31日) **9,800円**	□ 第11回(2016年3月20日) **9,800円**
□ 第3回(2012年1月29日) **9,800円**	□ 第12回(2016年9月18日) **9,800円**
□ 第4回(2012年7月　1日) **9,800円**	□ 第13回(2017年3月26日) **9,800円**
□ 第5回(2013年1月27日) **9,800円**	□ 第14回(2017年9月17日) **9,800円**
□ 第6回(2013年7月28日) **9,800円**	□ 第15回(2018年3月11日) **9,800円**
□ 第7回(2014年2月　9日) **9,800円**	□ 第16回(2018年9月30日) **9,800円**
□ 第8回(2014年7月26日) **9,800円**	□ 第17回(2019年3月24日) **9,800円**
□ 第9回(2015年3月　1日) **9,800円**	

□ 第18回(2019年10月20日) **9,800円** よりどり2本セットの対象外です。

過去の講演会の収録DVDを、ご要望にお応えし好評発売中！ DVDは、代金の先払い後の発送になります。DVDのご注文を弊社で受付しましたら、ご連絡いたします。

最新刊発刊記念 〜講演会〜

副《そえ》島《じま》隆《たか》彦《ひこ》の“予言者”金融セミナー 第19回

世界の動きが一段と荒れ模様になって来た。米中の覇権（はけん）争いが激しくなり、金融市場にも動揺と不安が広がっている。
この不安定な時代に、どう財産を守るか。

大好評の質問コーナーをはじめ、
第19回も充実した内容を企画しております。

副島隆彦先生への質問コーナーは、
時間が許す限りお答えします!

たっぷり5時間!!

*ご質問は、通信欄に簡潔にご記入ください。

◎お申し込み方法

1.右のお申込み欄にご記入のうえ、ハガキを投函してください。切手は不要です。
または、切り取らずにこのままＦＡＸ送信（０５０−３１５３−２４８８）していただいてもけっこうです。

2.弊社で受付後、お客様へご連絡いたします。その後、受講料をお振り込みください。
振り込み手数料は、お客様のご負担となります。
ご入金後の返金はいたしかねます。
あらかじめ、ご了承ください。
お振り込み後、やむを得ず講演会にご欠席されました場合は、講演収録DVDと配布資料をお送りします。

振り込み先
りそな銀行　九段支店
普通 1506573
名義 ブレイントラスト

3.受講料のお振込みが確認できましたら、順次、受講票を郵送します。
受講票は、当日まで大切に保管してください。

〈お問い合わせ〉 ブレイントラスト企画
〒101-0051 東京都千代田区神田神保町3-2-1 サンライトビル401
【TEL】03-6261-5465 (平日10〜18時、土・日・祝は休み) 12月26日(木)〜1月6日(月)は冬期休業いたします
【FAX】050-3153-2488 【e-mail】bt-soejima@nifty.com

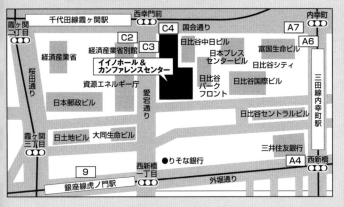

第3章

中国は最早アメリカとの力相撲を恐れない

中国の技術泥棒を引っ張った「千人計画」

2018年12月1日、ファーウェイの会長任正非《じんせいひ》の長女、孟晩舟が逮捕された。それと同日に、アメリカでひとりの優秀な中国人学者が飛び降り自殺をした。スタンフォード大学物理学教授の張首晟である（55歳）。張首晟はノーベル物理学賞の候補者で、「量子スピンホール効果」という先端理論を研究していた。5Gの次の6G《シックスジー》からは、量子コンピューターの技術が勝負を決すると言われている。

張首晟は、アメリカ中の大学でハイテク技術の研究をしている若手の中国人学者「1000人委員会」のリーダーだった。彼らは中国人留学生時代からすでに研究者に成長している。MITやカリフォルニア工科大学（カルテック）の教授たちの研究室の大学院生から成長した人々だ。

張首晟は、それらの若手中国学者のひとりひとりの能力判定をやっていた。中国の先端技術開発で、どの部門にどのような人材が投入されるべきかを、細かく値踏み評価する係である。学問研究においては、その研究が将来どれほどの重要性を持つかを、評価、判定

スタンフォード大学物理学者張首《ちょうしゅ》晟《せい》（55歳で自殺）が、アメリカから中国への先端技術の移転の評価、判断の最高責任者だった。

「1000人委員会」は、“技術泥棒”の先駆者サムスン社の真似である。中国人留学生の大学院生たちにアメリカの全大学の優れた教授たちの研究室から中国へ計画的に技術移転をやらせた。

する仕事が重要である。学会の紀要《きよう》（学術誌《ジャーナル》）に載る論文《シーシス》に対して、レフリー、ジャッジ制度がある。その論文の出来栄えと内容の意義を、周りが評価、判定（エスティメイト・アンド・ジャッジ）できなければいけない。

本人がいくらすごい大発見だと言っても、それを冷静に評価、判定する、より大きな視野に立つ優れた先駆者と経験者が必要なのである。張首晟は55歳でその重要な役割を果たしていた。ＩＴハイテク分野でも人材育成こそが大事なのだ。才能を見抜いて、上に引っぱり上げる者がいないと人は育たない。

アメリカは5年ぐらい前から中国による先端技術泥棒に激しく怒っていた。アメリカにとっては、知財《ちざい》（intellectual《インテレクチュアル》 property《プロパティ》、知識財産）の盗用、無断移転こそは最も憎むべき対象である。トランプは貿易戦争を開始した当初、「中国よ、まず知財の盗用分として500億ドル（5兆円）を払え」とトゥイッターに書いた。

日本で言えば、80年代に当時、先端のトロンの技術開発をした坂村健《さかむらけん》氏が、携帯電話用の言語トロンを開発していた。坂村氏は、のちに自分で話して告白した。〝経済《エコノミック》ＣＩＡ〟の捜査官《エイジェント》に追いかけられて、地下鉄の駅のホームから飛び降り自殺をさせられそうになる瞬間もあったと話した。今回、張首晟は同じようにして、アメリカの対《たい》中国強硬派の国家情報部員《インテリジェンス・オフィサー》（工作員）に殺されたのだろう。ハイテク戦争はここまで熾《シ》烈なのだ。

日本の主要な大学でも、理科系の学部の有名教授たちの研究室には、だいたい必ず中国人の留学生がいる。ひとりの教授が１年に８人の大学院生を取るとして、４人が日本人で、２人が中国人で、韓国人がひとり、そしてそれ以外の国からの留学生がひとり、というぐらいの出身国の配分になっている。

この外国人留学生たちが自分の国に帰って、日本で学んだ、自国で役に立つ最新技術の植え付け、移植《トランスプラント》を行うのである。それが最もうまく行っているケースが、インドネシア（大きな海洋新興国になりつつある）への、日本からの魚の養殖技術の移転である。

中国は、この30年間で、徹底的に先進諸国の優秀な大学教授たちの研究内容を、弟子入りした学生たちを通じて組織的、計画的に技術移転（盗用）した。中国の科学技術の発展の総合的、計画的な戦略図を綿密《めんみつ》に作って実現した。それが中国指導者トップ５位の王滬《おうこ》寧《ねい》が、２０１５年に主導して作定した「中国製造２０２５」プランの骨格である。

この「中国製造２０２５」戦略を、あまりにも公然と、中国政府が国家基本戦略として公表した。それが対《たい》中国交渉官のピーター・Ｔ・ナヴァロたちに察知された。それで（一昨年）２０１８年３月22日に、トランプ大統領は、大統領令（エグゼクティブ・オーダー）

に署名して、「中国に対し、年間600億ドル（6・4兆円）の制裁関税を課す」と発表した。アメリカは遂に対《たい》中国でこの知財盗用《ノウハウ》問題に本気になった。対《たい》中国貿易戦争《トレイド・ウォー》の開戦の狼煙《のろし》だった。

「中国製造2025」（2025年までに全ての分野の先端技術を自力で生産できるようになりアメリカを追い越す計画）については遠藤誉《ほまれ》女史による詳細な研究がある。彼女の『「中国製造2025」の衝撃』（2018年刊、PHP研究所）である。

中国側は動転した。中国はトランプの猛攻撃に押しまくられたじたじとなった。それで2018年8月の北戴河《ほくたいが》での、恒例の夏の最高指導者と長老たちの会議が大騒ぎになった。このとき王滬寧《ワンフーニン》が「お前が、甘い考えで国家戦略を露《さら》け出したから、こんなことになったのだ」と、激しく叱責され失脚した（だが王滬寧は1年後の8月の北戴河で復帰した）。

中国にしてみれば、「アメリカに追いつけ追い越せ」の総合戦略を見抜かれてしまったことが大問題なのだ。中国人の政治感覚は、このようにはっきりとして分かりやすい。

結局中国を一致団結させてしまったアメリカのミス

２０１８年８月の北戴河で騒がれ中国は大混乱に陥った。しかし２０１９年に入ると、４月に中国は体勢を立て直した。このとき、大事だったのが、中国共青団系《きょうせいだん》（李克強《りこっきょう》首相の勢力）の動きだ。習近平の勢力と対抗している共青団系が、態度を変えた。「今は国家の団結が大切だ」と、自分たちの方から折れて、習近平体制を支える、と態度（方針）を変えたのだ。

１年前の北戴河会議では共青団は、王滬寧を激しく非難した。王滬寧は、国家戦略家《ナショナル・ストラテジスト》（軍師《ぐんし》）の立場である。ただの理論家であって自分の政治勢力を持たない。習近平に助言するのが仕事だ。キッシンジャー・アソシエイツが育てた人材だ。

共青団系は、総じて中国のリベラル派の勢力なのである。民間企業の自由企業体制（フリー・エンタープライズ・システム）を大事にして、中国の民主化（デモクラタイゼイション）を強く推し進める勢力だ。

この共青団系は、２０１１９年４月までは、習近平派が押し進める「国有企業中心。共産党の強い指導力で、国家を経営するべきだ」の勢力との激しい内部論争を続けてきた。

この動きは、2022年10月の第2回党大会（20大《だい》という。5年に1度）からの習近平の第3期目（5年間）から急いで始まるだろう。国家体制としては、その翌2023年の3月の全人代《ぜんじんだい》（中国の国会）で、習近平が国家主席（大統領）に再任されることで形を整える。中国では、共産党の会議で決まったことの方が、政府の決定よりも力を持つのである。


中国国内のすでに豊かになった層の国民が、「私たちに言論の自由、思想表現の自由、集会の自由をよこせ（与える、ではない）」と怒り心頭、我慢の限界に達している。

この共青団系(やがて中国民主党になる)の勢力が、従来とちがうことを言い出した。「アメリカが通商協議《トレイド・トークス》（貿易戦争）で、中国に対して一方的に要求する態度はあまりにひどい。あれでは、私たちもアメリカの肩を持つことはできない。強引すぎる」と、習近平派に妥協する態度に転じた。ここで挙国一致体制となった。だから、前述した王滬寧《ワンフーニン》は復活したのである。

そこで中国は5月3日から俄然、トランプが驚くような一致団結での大反撃に出た。政府間の正式な電子外交文書で、バーンと「中国への内政干渉は許さない。これは不平等条

中国は2019年5月からアメリカに反撃を開始した。この劉鶴《リウホー》副首相（67）の厳しい表情が、決意の固さを物語っている。

2019年10月11日、米大統領執務室でトランプを睨みつける劉鶴副首相。4月までは、劉鶴は中国のネット言論で、ボロクソに言われていた。軟弱政治家で「国を売った李鴻章（首相格、円内）と同じだ、と貶されていた。それが俄然、強くなった。

約の押し付けである」と、アメリカの態度をハネつけた。

この後《あと》は、攻守交代でトランプのほうが追い詰められて負け始めた。中国側の劉鶴《りゅうかく》副首相が豪胆な顔つきに変じて、テコでも動かない。「中国人を脅すなら脅してみろ。その倍で返してやる（核戦争も辞さず）」という態度に出た。このとき中国側は、内部分裂を克服した。「アメリカの要求は内政干渉（メドリング・イントゥ・インターナル・アフェアズ）であり、不平等条約（アンフェア・トリーティ）の押し付けである」というものだ。

だから、このときから張首晟と王滬寧（中国トップ序列5位）の戦略がもう一度復活した。「中国製造2025」という言葉は中国は表面では使わなくなった。しかし実質的には今も中国の科学技術戦略の中心にある。すなわち2025年までにアメリカを追い落とすという、固い決意を中国側は立て直した。だから米中貿易戦争は、簡単には片付かない運命を背負った。

米中IT戦争と日本の半導体潰しの意外な共通点

米中のITハイテク戦争は続く。その源流を探っていくと、1985年の「日米半導体交渉《セミコンダクター》」に行き当たるのである。35年前のこの時代に、アメリカにはモトローラ社と、テキサス・インスツルメント（TI）社という大きな半導体企業があった。

このふたつは、シリコンバレー（サンフランシスコの南のパロアルト市が中心）で、まだチョロチョロ動き回る子ねずみのようでしかなかったマイクロソフトやアップルなどに半導体を供給していた。シリコンバレーは、ゼロックスとベル研究所（AT&T《エイティアンドティ》）から始まったのだ。

当時の半導体は、「256（にごろ）ビット」と呼ばれる素朴な汎《はん》用品であった。日本の富士通や日立、東芝、NECといった電機会社がより最高性能の半導体を作り「電子立国」と勝手に有頂天になっていた。日本の大手電機メーカーが高気密の「クリーンルーム」を建造して、徹底的に微細なゴミを排除することで、最高品質の半導体作りを達成した。いかにも日本人がやることだ。

それに対してアメリカの大手2社は、図体《ずうたい》のデカいうすのろ君になりはてた。威張っているだけで緻密《ちみつ》なモノ作りができない。それでどうしたか。アメリカは恐れ入ることに、通商交渉で日本の電機メーカーたちに、欠陥（故障）発生率の高いモトローラ社とTIの半導体を無理やり強制的に買わせて使わせようとした。それが1985年日米半導体交渉の真実だ。

怒った日本の電機会社たちは、「欠陥の多いアメリカ製の半導体を、いっぱい輸入して、まとめて海に捨てて仕舞えばいい」とまで言った。日本の電機会社たちは負けていなかったのである。電機会社は、通商産業省（いまの経済産業省）と共に負けていなかった。

困ってしまったアメリカは、ここで大きな策略を実行した。これが現在につながっている。日本の半導体IC産業を叩き潰すために、韓国と台湾に日本との競争企業を作らせたのだ。そして強力に育て上げたのである。それが、いまの韓国のサムスンであり、台湾のホンハイとTSMC《ティーエスエムシー》社である。

2005年第4四半期に、ソニーの薄型テレビが、初めてサムスンに敗北した。はじめは〝トリニトロンのソニー〟だから、威張って争っていたのだが、負けた。やがてサムスンに、液晶やICの製造委託までするようになった。

サムスンは、早くも2002年には、1位のインテルに次いで半導体の世界シェアで第2位となった。3位は東芝、4位はSTマイクロ・エレクトロニクス、5位はTI（テキサス・インスツルメンツ）だった。サムスンをここまで一気に育てたのはアメリカなのである。日本を叩き潰すために、である。

郵便はがき

料金受取人払郵便

牛込局承認

9410

差出有効期間
2021年10月
31日まで
切手はいりません

162-8790

東京都新宿区矢来町114番地
神楽坂高橋ビル5F

株式会社ビジネス社

愛読者係 行

ご住所 〒 TEL:（　　）　FAX:（　　）		
フリガナ お名前	年齢	性別 男・女
ご職業	メールアドレスまたはFAX メールまたはFAXによる新刊案内をご希望の方は、ご記入下さい。	
お買い上げ日・書店名 年　月　日　市区 町村　書店		

ご購読ありがとうございました。今後の出版企画の参考に
致したいと存じますので、ぜひご意見をお聞かせください。

書籍名

お買い求めの動機

1　書店で見て　　2　新聞広告（紙名　　　　　　　　　）

3　書評・新刊紹介（掲載紙名　　　　　　　　　　　　）

4　知人・同僚のすすめ　　5　上司、先生のすすめ　　6　その他

本書の装幀（カバー），デザインなどに関するご感想

1　洒落ていた　　2　めだっていた　　3　タイトルがよい

4　まあまあ　　5　よくない　　6　その他(　　　　　　　　　　)

本書の定価についてご意見をお聞かせください

1　高い　　2　安い　　3　手ごろ　　4　その他(　　　　　　　　)

本書についてご意見をお聞かせください

どんな出版をご希望ですか（著者、テーマなど）

2009年に、ソニーはサムスンに決定的に負けた。薄型液晶テレビの技術と、価格競争の両方で敗れた。このあと世界中の高級品（ハイエンド）のテレビは、サムスンに取ってかわられた。今は、中国製のハイセンス Hisense 社のテレビの低価格商品《ローエンド》が、世界中のビジネスホテルでは使われている。

アメリカが、1985年の日米半導体交渉で始めた戦略は、こうやって成功した。このあとはアメリカ政府からの恫喝《ドウカツ》を受けて、日立も東芝もNECも富士通も、すっかり萎《い》縮《しゅく》して半導体とIC《アイシー》（集積回路）の先端技術の開発意欲を失った。アメリカの脅しに屈服したのだ。それ以降は、日本は周辺技術である電子部品（デバイス）の供給会社に転落した。

これが、近藤大介氏がいう「日本は中国の下請け国家」である。日本の電機会社たち自身が、ファーウェイなどの中国の先端企業のサプライ・チェーンになったのである。別の言葉で言えば中国の言う「人類運命共同体」だ（笑）。日本は自力では、最先端の半導体を作れない国になってしまった。

2002年からルネサスエレクトロニクス社という国策会社を政府が音頭をとって作り、各電機会社が人材を投入した。おそらくそのときは、「インテル入ってる《インサイド》」のインテルのパソコン用CPU《シーピーユー》（中央演算集積回路）どころか、それを超える半導体を自力で開発し、製造しようとした。それが、この2、3年でボロボロに敗れた。ルネサスはもうダメだ。記事を載せる。

「ルネサスの1〜9月期、最終赤字74億円　中国向け需要低迷」

ルネサスエレクトロニクスが、11月7日発表した2019年1〜9月期の連結決算（国際会計基準）は、最終損益が74億円の赤字（前年同期は619億円の黒字）だった。中国向けなどの需要が低迷し、在庫抑制のための生産減少なども利益を圧迫した。売上高に当たる売上収益は、7％減の5262億円だった。営業損益は、42億円の赤字（前年同期は692億円の黒字）だった。自動車向け事業、産業・インフラ・IoT《アイオウティ》（もののインターネット）向け事業の売上収益、営業利益はともに前年同期を下回った。

同時に、19年12月期通期の業績見通しを発表した。非《ひ》米国会計基準（Non-GAAP）ベースの売上収益は、前期比6〜5％減の7087億〜7167億円、営業利益率は12・3％と、前期に比べ1・5ポイント低下し採算が悪化する。

（2019年11月7日　日本経済新聞）

このようにして日本の国策〝日の丸〟半導体会社ルネサスは終わってゆく。その前に、エルピーダ・メモリー社という同じく国策のメモリー型半導体作りの会社も潰れている（2012年に倒産）。

サムスンを育てたのはインテル

サムスンを直接、手取り足取りで育てたのは米インテル社である。インテルが1980年代にパソコン用CPUを開発して業界を圧倒した。インテルのパソコン用のCPUの半導体の塊で、日本の電機会社は一気に敗北していった。

アメリカの国家戦略として、90年代からサムスンに最新の半導体技術をどんどん渡して育てた。前述したとおり、アメリカが日本の主要電機メーカーを衰退させるように、用意周到にサムスンを育てたのである。ところが、サムスンが2010年代に入るとものすごい勢いであまりに伸びた。これに驚いたアメリカは、「このままではサムスンにアメリカの半導体会社までヤラれてしまう」と、今度はサムスンを警戒するようになった。

後述するが、アメリカでサムスンの売り上げは頭を押さえつけられた。創業者の李健熙《イゴンヒ》の娘が飛び降り自殺する事件も起きた。身構えたサムスンの経営陣は、アメリカで利益を出すという考えを密かに捨てた。それは8年前（2012年）のことだ。

韓国のサムスンが、1990年代からやったことは何か。それは、日本の大手電機会社の社員で、先端技術を開発する優れた能力のある技術者たちを、すべて綿密《めんみつ》にリストアップした。そして、2010年くらいから公然と囁かれるようになったのだが、それら東芝やNEC、富士通などの先端技術者たちが、土日の休日だけ、コソコソと韓国に飛行機で飛んで、サムスンに先端技術を移転したのである。彼らに現金払いの高い報酬をサムスンは払った。定年退職したあとの技術者たちも韓国に行った。

こうしてサムスンは、日本の最先端の半導体技術を、日本からすべて奪い尽くした。そしてそれが今、中国に移転しつつあるのである。

2010年代にサムスンはアメリカでひどい目にあった。前述したがイゴンヒ会長の娘はアメリカで飛び降り自殺している。長男は本国で汚職の罪で裁判にかけられた。韓国の検察庁と司法当局は、アメリカの息のかかった人材を持っており、アメリカの手先として動く。現職の大統領を捕えることをする。それが、現在は文在寅《ムンジェイン》政権と激突している。文在寅の片腕で、次の大統領と目《もく》されていた司法長官の曺国《チョグク》を、家族への優遇のつまらない犯罪容疑で失脚に追い込んだ（10月14日）。

このようにして、勝利者であるサムスンでさえアメリカにやられる。アメリカは、「儲かった利益はすべてアメリカに置いていけ」という原理で動くのである。トヨタ自動車も他の日本の大企業も、みんなそうやってアメリカ暴力団様《さま》に、おしおきを喰らった。

だから日本の経団連（大企業連合体。今の会長は病気で倒れた中西宏明。彼は日立の半導体事業を引っぱって来た苦労人だ）のトップたちは、アメリカの恐ろしさを肌身で知っている。日本の経団連は、すごすごと首を揃えて「中国さま、どうぞ儲《もう》けさせてください」と、まとめて代表団をいつも中国に出す。安倍政権の中国嫌いの意思など歯牙にも掛けない。そんなことは言っていられない。それを政治家として取りまとめているのが、二階俊博《にかいとしひろ》自民党幹事長である。彼が親《しん》中国の政治家の代表である。二階は、経団連を引き連れて訪中して習近平と握手した瞬間、習の手を高く持ち上げて、「日本は中国と仲良くしたい。宜しくお願いします」と、強いデモンストレイションをした（2019年4月26日）。

こうしてサムスンは今は、中国にすり寄っている。P96で書いた、清華大学が出資、設立した紫光集団《しこう》という国有企業に、米クアルコム社と競争できるほどの、最先端の技術をどんどん中国に渡している最中である。これを西安《シーアン》の郊外に作った工場でやっている。

習近平の父親の習仲勲《しゅうちゅうくん》の出身地は西安である。だから、習近平の出身地も父親と同じ西安だと見なされている。西安は政治的にはあまり目立たない歴史的大都市だが、習近平派の勢力下にある。これを関係（グァンシ）という。

新たな火種となったレアアース

中国はアメリカとレアアース戦争《ウォー》も始めた。貿易戦争が始まって1年後の2019年5月である。レアアースは、半導体やIT系の製品づくりにどうしても欠かせない。

「中国、レアアースで米けん制　米は輸入の8割依存
習氏「重要な戦略資源」」

中国が、電気自動車（EV）やデジタル家電の部材に欠かせないレアアース（希土《きど》類）の禁輸をちらつかせて、米国へのけん制を強めている。中国はレアアースの世界

生産の7割を握り、米国は、その輸入の8割を中国に依存している。貿易戦争の激化に歯止めがかからないなか、中国にとってレアアースの輸出規制は米国に対抗するカードになりそうだ。だが、副作用を伴うもろ刃の剣でもある。

共産党機関紙の人民日報は、5月29日付の論評記事で、対米輸出規制をほのめかした。「中国産のレアアースで作った製品を用いて、中国の発展を抑え込もうと考えているなら、中国人民は決して納得しない」経済政策の司令塔である国家発展改革委員会も、28日に同様の声明を発表した。外交部（外務省）報道局長は、29日の会見で、「権威のある発言だ」と追認した。

これらに先立つ5月20日、習近平（シー・ジンピン）国家主席は、レアアースの主産地、江西省贛（かん）州の有力磁石メーカーを訪れた。そして、「レアアースは重要な戦略資源だ。技術レベルを絶え間なく高めなければならない」と強調した。視察には対米貿易協議を担当する劉鶴《りゅうかく》副首相の姿もあった。

トランプ米政権は、5月、中国の通信機器最大手、華為技術（ファーウェイ）に対して米国製部品などの事実上の禁輸に動いた。中国は自国のハイテク産業に強まる圧力への報復として、レアアースを交渉材料に使うだろうとの臆測が強まる。

中国は、2010年に沖縄県の尖閣諸島をめぐって対立したとき、日本へのレアアースの輸出を滞《とどこお》らせた。このため商品相場（コモディティ・マーケット）は敏感だ。EVに使うモーター磁石に添加して耐熱性を高めるジスプロシウムには投機的な買いが広がった。足元で1キロ280ドル前後と、年初比《ひ》6割跳ね上がった。

2018年に、米国が外国から輸入したレアアース（化合物含む）は1万8557トンだ。中国からが8割を占めた。このため米通商代表部（USTR《ユーエスティーアール》）は、中国製品のすべてに制裁対象を広げたと称する追加関税「第4弾」から、レアアースを除外した。自国が打撃を受けるからだ。例えばガラス研磨剤などに使うセリウムは、輸入量に占める中国からの割合が、96％と依存が深い。

レアアースの生産量は、中国に偏在している。米地質調査所（USGS）によると、中国は12万トンと世界全体（17万トン）の7割を占める。2位のオーストラリア（2万トン）や、3位の米国（1・5万トン）を大きく引き離し、世界全体（17万トン）の7割を占める。

「中東には石油があり、我が中国にはレアアースがある」1979年に経済成長へ改

レアアースは“半導体戦争《セミコンダクター》”アメリカの泣き所だということを、習近平はよく分かっている。余裕綽々だ。

2019年5月20日、江西省の江西金力永磁科技股份有限公司《ジアンシージンリーイォンツゥクージーグーフェンヨウシアンゴンスー》を視察し、レアアース産業の説明を受ける習近平。表情に余裕が見える。後ろに対米《たいべい》交渉官の劉鶴《りゅうかく》副首相を従えていた。

革開放にかじを切った最高実力者、鄧小平《とうしょうへい》氏は、早くから戦略資源と見定めた。中国は、採掘したレアアースの半製品や、製品の加工、生産拠点も着々と整えてきた。

ただ、アメリカへの輸出規制は代償を伴う。金属市場調査会社、アイアールユニバース（東京・中央）の棚町裕次社長は、「中長期では中国自身へのダメージが大きいので、踏み切るとは考えにくい」と指摘する。

2010年に、日本への輸出をぎゅっと絞った時は、天然資源の供給元としての信頼性に疑問符が付いた。このとき日本は、他国からの代替調達や、レアアースを使わない技術開発を促す契機になった。サプライチェーン（供給網）の下流にある中国のメーカーが、「得意先」である米国への輸出ができなくなれば痛手にもなる。

2010年に日米欧は、「中国の輸出規制は国内産業を恣意的に優遇する政策だ」として世界貿易機関（WTO《ダブルティオウ》）に提訴した。2014年に、中国の「敗訴」が確定した。いま中国は「米国の制裁関税はWTOルール違反だ」と主張するが、レアアースの禁輸はその説得力を失わせて孤立を深める恐れもある。

（2019年5月29日　日本経済新聞）

この日経の記事にレアアース戦争の全体像が見事《みごと》に描かれている。習近平は、アメリカに対してレアアースの輸出規制をするふりを、チラと見せただけなのである。それだけで、アメリカと日本はこんなに慌てている。平静《へいせい》さを装っているが、本気でぶつかったら恐いことになる、と双方が分かっている。

電気自動車EVやスマホに、レアアースが不可欠で極めて重要だということは、今ではよく知られるようになった。レアアース（希土《きど》類）の40種のうち、12種の金属をレアメタルという。一年間に世界で17万トン生産されるうち中国が毎年12万トンを掘り出して商品（コモディティ）にしている。中国は、今やこのストラテジック・メタル（戦略物資）を握っているから強い。アメリカに屈服しないどころか、アメリカのほうがじわじわと応《こた》えてくる。

ここからあとは、レアアースについての、やや専門的な理解である。ネオジム磁石、磁石合金、ディスプロシウムというレアアース商品が大変重要であるらしい。中村繁夫《しげお》氏という専門家の文章が目にとまったので、それを要約して載せる。特殊な物質であるので、私にはよくは分からない。私たちは大事なものの名前ぐらいは知っていても損にはならないだろう。

「米中貿易戦争、レアアースは本当に中国の切り札か？」

習近平は、5月20日に、江西省にある「江西金力永磁《きんりきえいじ》科技」を突然、視察した。レアアース（希土類）の国内有数の企業である。このニュースが流れるとレアアース関連企業の株価がストップ高になった。

この企業はネオジム磁石の生産、販売まで行っている。磁性材料は、風力発電、ＥＶ、省エネ自動車、インバーターエアコン、省エネエレベーター、ロボット、サーボモーターなどに使われる。

江西省はレアアースの資源面では世界最大の鉱山を有するが、最近は枯渇傾向にありミャンマーやベトナム、遠くアフリカにもレアアース資源を求めて探査している。レアアースの中で一番、需要が多いのは、「レアアース磁石《じせき》（磁性材料）」である。原料からレアアースを分離した中間物から磁石合金を生産する。ネオジム磁石を使ってモーターを製造する。このモーターがＨＤＤ（ハードディスクドライブ）や自動車や家電に供給される。磁石合金の多くは中国で生産されている。高性能のネオジム磁石は日本市場で生産されている。安定した納品先を維持するために米国市場でも磁石工場を設立している。

レアアースの資源は中国が世界採掘量の71％を占めている。中国がレアアース中間物と磁石合金の禁輸を決定しても、短期間ならネオジム磁石やモバイル・デバイスの在庫を積み上げることで対応できる。

レアアースから作られる磁石であるネオジム磁石ならば、中国の他にインド、ベトナム、豪州から原料を調達できる。

ディスプロシウムに関しては、中国に資源が集中している。だから日本の磁石メーカーは、リサイクルによる再生品の確保を徹底して進めている。短期的には心配ない。

（2019年5月31日　Wedge誌　中村繁夫氏の文を要約した）

レアアースは、米中《べいちゅう》貿易戦争のストラテジック・メタル（戦略物資）になった。だから、再び騒がれる時が必ずくるだろう。アメリカもゾッとして急いでレアアースの戦略的備蓄《びちく》を始めただろう。第2次大戦のときの重要な戦略物資のレアメタルは、チタンとタングステンとコバルトだった。

私は8年前の中国調査で、内モンゴル自治区（広大である）の首都（区都）であるフフホト（呼和浩特）に行った。フフホトといっても日本人はほとんど知らない。旧満州の西半分は内モンゴルであり、そこからずーっと新疆ウィグルの方まで、内《インナー》モンゴルは続いている。そのモンゴル人の〝首都〟がフフホトである。

私は、フフホト、オルドス、包頭《パオトウ》（黄河沿い）を調査して回った。そして、現地の人の案内で、北方のゴビ砂漠に向かった。広大な砂ボコリだらけの砂漠の中を車で突き進んで「白雲鉱区《はくうんこうく》」という、レアアース、レアメタルが産出する地区まで行った。重機で露天掘りをしていた。もう少し行けば、モンゴル国《こく》（首都ウランバトール。外《アウター》モンゴル、と言うと、モンゴル人は怒る）である。

私は、この白雲鉱区でレアメタルを握っている鉱山を直接見たので、これらの希少金属や物資のことが少しは分かる。このことの報告は、私の以前の本に書いた。

第4章

中国にすり寄る韓国、北朝鮮と台湾を巡るつばぜり合い

北朝鮮と韓国による「高麗連邦」の誕生

何度でも書くが、韓国は中国と組む。というより中国に従う。中国の下で生きていく。ユーラシア大陸の方へ商機を広げる。アメリカから静かに離れてゆく。韓国人全体が、そのように覚悟を決めたのだ。いまの文在寅《ムンジェイン》体制のことを、日本とアメリカはヒドく嫌っている。この本当の理由がこれだったのだ。トランプは、文在寅のことを「チャイナ・ボーイ！」と呼び捨てにした。文在寅は、中国の手先少年、子分だとトランプは見抜いた。

日本人はまだ、このことに気づいていない。韓国は、北朝鮮と喧嘩したり、アメリカとやりあったり、日本の外務大臣と非難の応酬をやったりしている。実際には中国にどんどん近寄っている。おそらくサムスンが、韓国民の1割を食べさせている。トヨタが子会社群を含めて、日本国民の1割を食べさせているのと同じだ。

このようにしてサムスンは6年前から中国と組んでいた。前述のように、紫光集団と組んで最高級の半導体技術を渡している。

韓国と北朝鮮は民族統一に向かっている。北朝鮮は、北に中国との長い国境線がある。

ここに中国側がどんどん高層ビルを作っている。物資も大量に運ばれている。密輸なのだが、中国政府も止めない。旧満州（吉林省《きつりんしょう》、黒竜江省《こくりゅうこうしょう》、遼寧省《りょうねいしょう》の3つ）には、朝鮮族と満州族がたくさんいる。彼らは同族意識をもっている。

やがて「高麗連邦《こうらいれんぽう》」を作る方向で動くだろう。英語では、Korean Confederation《コーリアン コンフェデレイション》である。だが北朝鮮と韓国はこのまま、国家統合はしない。そのほうが、柔構造《じゅう》でやりやすい。統一すると逆に、さまざまな難題が出てくる。そして大きくは中国の政治、文化、経済圏に入っていく。

韓国人の考えが、ガラリと大きく変わった、もうひとつの大きな理由がある。それは韓国の若者たちの心理の大変化だ。

韓国は、徴兵令《ドラフト》が有って、若者は兵役で鍛えられる。彼らは「自分たちは北朝鮮軍と戦って死ぬのだ（その確率が高い）」と、この間までずっと思っていた。ところが、民族統一、祖国統一の熱い情熱が湧き起こった。「もう、自分たちは戦争で死ななくていい」と思うようになった。

だから、もうアメリカ軍に守ってもらわなくていい。「在韓米軍は撤退（ウィズドロー）してくれていい」「もう自分たちは戦闘《バトル》で死ななくていいんだ」という考えに、韓国の若者たちが大変化したのだ。このことの重要性が、私たち外側の外国人にはなかなか分からない。

GSOMIA破棄問題で嫌韓が高まった本当の意味

今の文在寅《ムンジェイン》政権はどこへ向かおうとしているのか。

韓国は、どんどん北朝鮮と接近して、同じ民族として団結しつつある。しかもこのことを世界にバレないように、慎重に動いてかつわざと複雑な動きをしている。公然とアメリカとぶつかるような幼稚なことはしない。

韓国は、北朝鮮と共に、さらに大きくは、中国にくっ付いて生き延びようとしている。日本の保守派の経営者や資産家たちが本能的、直感的にこのことを勘づいた。だから韓国を激しく嫌いだした。2018年の2月のトランプ・文在寅会談の辺りからだ。

これまでとは異なる、新たな韓国を毛嫌いする嫌韓《けんかん》運動が日本で沸き起こった。産経新聞や読売新聞などに、韓国の文在寅政権に対する反感、侮蔑《ぶべつ》、さらには憎しみまでが書かれるようになった。このことは前述したとおり、このままいけば、韓国が北朝鮮のイデオロギー（金日成が掲げた「主体思想《チュチェ》」）に強く引きずられる形で、やがて「高麗連邦」の形で統一を始めるだろうからだ。

アメリカ政府が、いつ韓国の動きを明瞭に察知したか。それは何と、最近の２０１９年の8月、韓国政府が、ＧＳＯＭＩＡ《ジーソミア》（「日韓軍事情報包括保護協定」というのはウソの名前）を一方的に破棄した時からである。

私はこんなジーソミアなんか知らない。何なのだ、これは。いつもこういうのが天から降って湧いたように問題になる。日本の防衛省と韓国の国防部の間で、軍事情報を共有し合う秘密協定ができていた、など私は知らない。ＧＳＯＭＩＡは２０１６年の6月にできた新しい政府間の秘密の協定《アグリーメント》だという。

この軍事情報の共有を、韓国が日本に対する抗議と嫌悪感で打ち切ると表明した（8月23日）ときから大騒ぎになった。そうじゃないんだ。「日韓」の話ではないんだ。米軍が、「日韓」両方から軍事情報を吸い上げたいから、寄こせ、という話なのだ。ＧＳＯＭＩＡの英文名はGeneral Security of Military Information Agreement である。ＧＳＯＭＩＡの中に、Ｊ「日」もＫ「韓」も入っていないではないか。だから、これは、米と韓の問題（争い）なのであって、日本は、関係ねー、なのだ。

このときに米軍トップとアメリカ国務省は、はっきりと、韓国はアメリカから離れて、中国に付こうとしていると分かった。このことは、軍事研究も行うアメリカの主要シンクタンクのＣＳＩＳ《シーエスアイエス》（戦略国際研究所）のアジア太平洋委員会、簡単にいえばハワイ支部が、論文を発表したことではっきりした。ＣＳＩＳのＡＳ（アジアパシフィック・コミュニティ）の研究員の論文が出た。韓国がアメリカから離れようとしていることが、これでアメリカにはっきりしたのだ。

アメリカにして見れば、これまでずっと韓国を、自分の同盟国《アライ》（本当は属国。従属国。家来の国。日本も同じ）だとみなして面倒を見てきた、と考えてきた。しかしこれからはアメリカは韓国に対して徹底的に厳しい態度に出る。エスパー国防長官までが、11月15日に、韓国ソウルに行って軍人のトップたちと揃《そろ》い踏みで、会談して「ＧＳＯＭＩＡ《ジーソミア》の破棄を撤回するように強く要請する」と強い圧力をかけた。

その前に日本で富士山会議に出席したスティルウェル東アジア担当米国務次官補《アシスタント・ステイト・セクレタリー》が、先に露《つゆ》払いで韓国に行って、同じく「ＧＳＯＭＩＡの破棄《デストロイ》を撤回《ウイズドロー》しなさい。そして日本と仲良くしなさい」と命令した。

ところが、韓国はもうアメリカ政府のいうことを聞かない。これでだんだん米韓の険悪な関係がはっきりしてきた。それでも11月23日の協定切れ期限ギリギリで、韓国政府は、形の上だけの「協定の継続」を表明した。だが実態は破棄である。

日本は、自力で北朝鮮のミサイル発射実験の追跡をやっている。この日本の軍事偵察衛《スパイ》星（2基ある）と通信傍受部隊からの情報をアメリカに渡せということだ。韓国の場合は、脱北者たちから北朝鮮の最新の現地情報を集めている。これを米軍に渡せ、だ。それを韓国が拒否したということだ。これが日本国内に充満した韓国をさらに嫌う風潮や言論を醸成した。

アメリカが韓国を切ったのではなく、韓国がアメリカを切った

日本政府は、アメリカに対して絶対にこういう態度はとらない、とれない。日本は何が何でも「日米同盟がすべてに優先」であるから、アメリカに逆らえない。韓国が、ここから離脱する、ということは「東アジアにおける地政学《ジオポリティクス》上の大変動」になる。こうなると、アメリカの対《たい》中国防衛線は、日本まで後退するということである。それと南の台湾、フィリピンをつなぐ線である。

これが、軍事・外交から経済に飛び火する。だからサムスン社に対して、アメリカ政府が急に厳しい態度に出ようとしている。前述したとおり、サムスンが極秘で半導体の最先端の最高技術（米クアルコム社に負けない）を中国にどんどん渡しているからである。

このことに怒ったアメリカは、サムスンの在米の資産をすべて取り上げ、巻き上げるという動きに出ている。ドイツ・シーメンス社が、サムスンの知的資産を、エヴァリューエーション（資産額の再《さい》評価）している。それをアメリカ政府に教えた。アメリカは、もう韓国とは縁が切れたとまで思っている。それが今回の軍事情報差し出し協定（ＧＳＯＭＩＡ）を破棄したということ意味なのである。

それに対して、アメリカ政府は、日本とは今後も仲良く取引《コマース》を続けようと考えている。これをコマース（commerce、取引き）という。このコトバの真実は、アメリカは日本に対して「まぁ、これぐらいで許してやる。日本をこの程度には大切にしてやろう」ということだ。これがコマース（コメルシス）なのだ。

コマース（コメルシス）には必ず妥協点がないといけない。アメリカの兵器産業からの、オスプレイと、F-35Bと、地上型イージスの購入を安倍政権は、２０１８年中にトランプに約束した。総額は5兆円（５００億ドル）である。まさにコマースである。F-35B

に関しては、中谷元《げん》元防衛大臣が、「日本はもう、147機買いました。アメリカが保有しているのとほとんど同じ数です」と言った。F‐35は世界全体で300機しか納品、配備されていないのだ。そのうちの半分を日本が無理やり買わされたのだ。

F‐35もオスプレイも、本当はコンピューターの塊《かたまり》のお化《ば》けの、あんまり使い物にならないとんでもない欠陥品の「最新鋭」戦闘機なのである。日本にゴミ捨てにしたのが真実だ。自衛隊の技術陣は、泣く泣く、この真実を知っている。

もっと正確に書くと、F‐35B戦闘機は1機が1億ドル（100億円）である。とんでもないドンブリ勘定である。ロッキード・マーチン社が作っている。これを日本が合計147機買った。合計1兆5000億円である。これにメンテナンス代がかかる。それが1機100億である。だから2倍になる。①3兆円である。これにオスプレイというダンボのような奇怪な垂直離着陸機を40機買った。1機が100億円だ。これもメンテ代で2倍になる。②合計8000億円である。地上型イージス（これにSAM《サム》3という迎撃用ミサイルが付く）はレイセオン社製である。イージス2基で6000億円だ。これもメンテナンス代を入れると2倍になって、③1・2兆円だ。①、②、③の合計で、ピタリと5兆円だ。うまいものだ。この5兆円という金額は、専門家の間では飛び回っている。だが、どこの新聞も日本国民向けにははっきりと書かない。

これがアメリカと日本の真実の関係である。日本政府と防衛省は、仕方がないので密かになんとか予算をひねり出して日本の防衛のために、アメリカ製のこんなオンボロに頼らない、質の高い日本製を作らなければ済まない。

こうしてアメリカは韓国とケン悪な関係になってしまった。米韓は共同軍事演習（joint drill ジョイント・ドリル）の中止どころか、在韓米軍の撤退問題が急激に浮上している。遂に、4500人の在韓米軍の最強の歩兵旅団《ブリゲート》（GI《ジーアイ》。グラウンド・インファクトリー）の撤退が決まった。朝鮮日報の最新の記事を載せる。

「在韓米軍第1戦闘旅団4500人が撤収の可能性、有事に地上戦に投入される連合師団の主力部隊」

米国のトランプ政権が在韓米軍1個旅団の撤収あるいは削減を強行する場合、第2師団所属の第1戦闘旅団（機械化歩兵旅団）がその最も有力な候補になりそうだ。第1戦闘旅団は在韓米軍における唯一の歩兵部隊であると同時に主力部隊だ。9カ月ごとに米本土から1個機甲旅団が循環配置されている。現時点での第1戦闘旅団の任務は米陸軍第１騎兵師団の第３機甲旅団が担当しており、現在駐留する部隊は今年６月に韓国にやって来た。
この部隊が削減される可能性が指摘されたのは、９カ月ごとに交代する時期に次の部隊を派遣しないだけで比較的に簡単に削減できるからだ。今の第１騎兵師団第３機甲旅団は来年３月ごろに米本土に戻るが、その際次の部隊が韓国に来なければ、在韓米軍のうちおよそ４５００人が自動的に削減される。

（２０１９年11月21日　朝鮮日報）

香港問題は台湾問題である

この１月11日に行われる台湾総統選では、蔡英文《さいえいぶん》総統（民進党。党首は解任された）が再選されるだろう。アメリカは、「台湾を絶対に手放さない。中国に渡さない」という堅い決意のもとで動いてきた。実は、そのために香港で学生たちに６月から大暴れさせてきた。香港問題は台湾問題なのである。

今年（２０１９年）10月４日、英フィナンシャル・タイムズ紙ＦＴ《エフティー》という高級紙に、重要な記事が載った。それは、「香港に駐留している3000人の米兵が台湾に移動した」という記事である。

これは驚くべき情報だ。何よりも米軍が香港に3000人も居たという事実が驚きである。米軍は頑丈な地下の軍事基地にいたらしい。それが最近、台湾に移された、ということが驚きなのだ。香港の学生たちが鎮圧されると分かったので後《うし》ろに引け、となったのだ。中国軍とぶつかるわけにはゆかない。台湾には、今は米軍人が軍事顧問団《こもんだん》という名目で、500人いるだけである。だから、米軍用の基地が余っているのだろう。

ここで重要なことは、FT《エフティ》の書き方が、「米軍はウイズドロー（撤退）した」ではなくて、エスケープ、あるいはデフィート、すなわち敗走したという書き方をしたことだ。これが驚きだ。

どうもアメリカとイギリス軍事情報筋に内部対立がある。イギリスのMI6《エムアイシックス》が、この「米軍が香港から台湾に移動」の情報を、FTに流したのだ。2015年に、FTの主要株を買って、形だけの親会社になっている日経新聞は、この件についてほんのわずか、あいまいに数行、言及をしただけだった。

ということは、香港の激しい学生運動は終わりだ、ということだ。アメリカ軍は香港から早目に撤退したということだ。残るは、イギリス人の白人の公務員（主に警察官）たちを、誰が守るのかという問題になる。

香港返還の歴史を再度、簡単におさらいする。イギリスのマーガレット・サッチャー首相と、復活した最高実力者の鄧小平との会談で決まった。１９８４年12月に、鄧小平が「そろそろ香港を返しなさい」と北京で判断した。鄧小平が、「軍隊を出撃させてでも香港を取り戻す」と言った。そのとき女傑サッチャー首相の膝が震えていた。

それでサッチャーは、「返還はするが、50年間は今の状態を維持してほしい」と要求した。その理由は、一番若い20歳でイギリス白人で香港政府の公務員になった者が、定年になって70歳になるまで面倒を見てくれという条件だ。それで50年間は、一国二制度（One Country, Two Systems）を維持すると決まった。

この中英声明が１９８４年に発表された。１９９７年7月1日に、香港は中国に返還された。そこから50年間であるから、２０４７年に完全に中国のものになる。まだあと28年もある。

中国にしてみれば一国二制度で、香港を自由な金融制度のまま、資金が世界中に移動できる特別な場所として、大事にしたい。中国共産党は、香港を金の卵を産むガチョウとして大事にしているのである。

だから、この一国二制度を続ける。その2年後の２０４９年がいわゆる〝中国１００年マラソン〟と呼ばれる、中国建国１００年である。毛沢東が、１９４９年10月1日に、北京で独立宣言をした。蔣介石の国民党を打ち破って台湾に敗走させた、そのすぐあとであった。

２０２０台湾総統選とテリー・ゴウの動き

台湾の総統選挙が、２０２０年1月11日にある。前述したとおり民進党《みんしんとう》の現職の蔡英文が再選されるだろう。アメリカがそのように仕組んでいるからである。「台湾は中国に渡さない」という固い決意による計画である。

そのために、去年（２０１９年）の早いうちから、国民党の候補として韓国瑜《かんこくゆ》を有力な競争相手としてアメリカが作り上げた。この韓国瑜という男は、高雄市長になったばかりであった。降って湧いたように、「民衆に大人気だ」というメディア宣伝が行われた。前年の２０１８年11月の統一地方選で、民進党はぼろ負けに負けていた。このとき責任を取って蔡英文は民進党の党首を辞任した。次の選挙は危ない、と言われた。彼女は人気がない。台湾の景気をよくすることができなかった。

現職の首相格だった行政院長の頼清徳《らいせいとく》も、民進党の候補者として名乗りを上げたが、のちに取りやめた。鴻海《ホンハイ》精密工業の会長の郭台銘《かくたいめい》（テリー・ゴウ）が、2019年4月に、総統選に立候補を表明した。そして、「自分こそは台湾の指導者にふさわしい人物だ」として、勢いよく選挙運動を始めた。

ところが、テリー・ゴウは、7月15日に国民党の統一候補を決める予備選挙であっけなく敗れた。この予備選挙なるものが奇怪なしくみになっていて、固定電話だけで実施した数千人分の世論調査だけで行われた。これが非常にオカシイ。しかし、国民党はこれで韓国瑜を候補者と決めた。テリー・ゴウはどうしようもなくなった。

テリー・ゴウは、韓国瑜を候補者として認めると表明し、自分は立候補を諦《あきら》めた。無所属として出るという予測もあったが、これもやめた。自分が当然、候補者になれる、とテリー・ゴウは信じ込んでいた。彼は、国民党《グオミンタン》を背後から操《あやつ》るアメリカのチャイナ・ロビーにまんまと嵌《は》められたのだ。

おそらくテリー・ゴウは、習近平と深くつながっている。習近平が40代に、合計16年間も福建省のアモイ（厦門）その他にいた。この頃から付き合いがある。台湾は福建省の対岸であり、台湾人《タイワニーズ》は、元々福建人の中の閩《みん》族（台閩《たいみん》）という部族である。台湾人は福建語を耳で理解できる。

テリー・ゴウは、その前にトランプ大統領をだまくらかす戦術に出た。テリー・ゴウは、トランプ大統領から、「ウィスコンシン州に200億ドルでホンハイの液晶画面の工場を建ててくれ」と頼まれて、それに応じた。トランプが当選（2016年11月）した直後から動き出した「アメリカに工場と職（雇用）を取り戻す」という戦略の一部である。それでテリー・ゴウはホワイトハウスに向かい、トランプと一緒に仲良く写真を撮った。

その後、テリー・ゴウもなかなかくせ者で「ウィスコンシンみたいな田舎では、サプライチェーンが大変だ」とごねた。この液晶画面は本当は、買収したシャープの最高技術である。このホンハイの工場の建設遅れが原因で、トランプは2018年11月の中間選挙（ミッドターム・エレクション）に敗れた。ウィスコンシン州の州民が、「州のお金ばかりかかって雇用が増えない」と文句を言った。それが周囲に広まって、ラストベルト（錆《さ》びついた地帯）の下院議員40議席くらいを共和党は失った。結局、下院では36議席差で民主党に負けてしまった。その打撃は大きい。

本当はもっと東側の、オハイオ州かペンシルベニア州で液晶テレビの工場を作っていれば、サプライチェーン（部品供給の小会社群）も近くにあって問題なかったのだ。ここに一つの謎がある。

トランプにしてみれば、ウィスコンシン州を取りたい一心もあった。ここはアメリカの政治の歴史で、微妙に重要な州である。北どなりのカナダから麻薬や安いジェネリック医薬品が入ってくる。下院議長をしていた、のっぽのポール・ライアンが、ウィスコンシン州を抑えていた。ポール・ライアンはトランプに逆らった共和党の大物だった。40代の若さで下院議長（ハウス・スピーカー）になっていた。

テリー・ゴウは、トランプとの騙《だま》し合いの腹芸を続けながらも、「台湾人で唯一直接ホワイトハウスに行ける人間」として、台湾の選挙で自分を売った。同時に、自分は、生粋《きっすい》の国民党を支持する家の出である、ということも強調した。

韓国瑜はアメリカの回し者だった

重要なのは、中国共産党（北京政府）が、国民党を根っからは信用しないという判断を持っていたことだ。これが正しかった。なぜなら、蔣介石が率いた国民党は、共産党の天敵（ナチュラル・エネミー）であり、国共内戦《こっきょうないせん》を戦った相手だからだ。複雑な歴史がある。あとのほうで書くが、イレイン・チャオ運輸長官はチャイナ・ロビー派の親分であり、蔡英文を強く推して、再選のために動いているわけだ。

だから私は、テリー・ゴウが9月12日に「国民党は腐敗している。私は国民党を離党する」という宣言を出したときに、このドラマの真実がわかった。最初からテリー・ゴウを落とすために、アメリカのチャイナ・ロビー勢力が韓国瑜《かんこくゆ》という、台湾陸軍士官学校出の軍人を、人気者として、ものすごい勢いで売り込んだのだ。

つまり、テリー・ゴウを追い落とす策略が着実に実行されたということだ。この時、習近平も、アメリカに一杯食わされた、とわかった。だから、2020年1月の総統選挙では、蔡英文が勝つように始めから仕組まれていたのである。

ここまでは、アメリカのほうが一枚上手だ、ということになる。トランプもこの演戯《えんぎ》に加わっている。しかし中国は、この後《あと》、反撃に出るだろう。テリー・ゴウは「私は政治を諦《あきら》めたわけではない」という言葉を発した。もう国民党を見限って離党したから、これからは自由に動ける。

2020年1月の台湾総統選で、郭《テリー》台銘《ゴウ》を勝たせないために、当て馬の韓国瑜をアメリカが仕立てた。

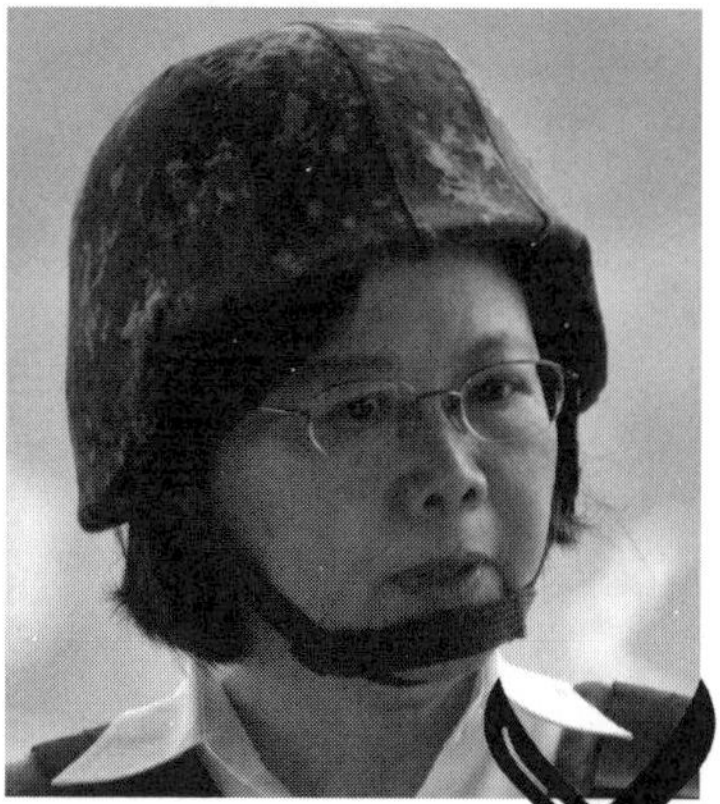

蔡英文

どうせ長くはもたない。

韓国瑜

始めから裏のある男。

柯文哲

台湾市長。若者に人気がある。

郭台銘

「国民党は腐敗している」と9月に離党した。そして「私は政治を諦めない」と言った。

私の予測、予言では、蔡英文が再選された後、すぐに大きな批判が起きる。ただでさえ人気のない不評の総統である。だから2年ぐらいで辞任に追い込まれるだろう。次の4年の任期をまっとうできないだろう。テリー・ゴウはそのとき総統選に出るだろう。

これが中国からの大反撃である。中国は、「あと4年我慢しよう」などとは考えない。中国は、自国内で進むデモクラシー導入の制度変更に合わせて、台湾民衆の支持も取り込めるように着々と動くだろう。

もうひとり、台北市長をしている柯文哲《かぶんてつ》という人物がいる。一時期は、テリー・ゴウと、野党候補者として、連立を組んで新党を立ち上げる、という話があった。が、それも立ち消えた。柯文哲は、もとは民進党員だったが、そこから嫌われて追い出された人物ではある。有能な医師あがりで、若者に大変、人気がある。

私は5年前に、台湾に行ってみて分かったが、台北《タイペイ》を中心とする北側が工業地帯を擁して大繁栄している。それに対して一番南に、高雄《カオション》市があるのだが、台中《たいちゅう》から台南《たいなん》にかけて、台湾新幹線で南下するとよく分かる。今の高雄市は、大変さびれている。

20年くらい前までは、高雄は栄えていた。中国との中継ぎ貿易港だった。沖合までずっと大型荷物船が停泊していた。中国とアメリカはずっと戦争状態にあるから、台湾で一応、名義を変えて「台湾製」ということにしてアメリカのシアトル港に輸出していた。その名義変更料が台湾の大変な収入になっていた。

今の高雄市は非常にさびれている。それに比べて、上海の海側に突き出した人工島をグルリと埠頭《ピア》にした上海新港は、巨大な規模になっている。世界中に向けて上海新港から中国産品が輸出されている。海に20㎞くらい突き出した先に作られた、ものすごい規模の港である。それと大連《ダーリエン》新港が大きい。

習近平が、「中国は、今の台湾を（親《しん》中国の勢力のもとで）一国二制度にして、中国に取り戻す」と、1月1日にテレビで堂々と言った。

このことは、岡田英弘《おかだひでひろ》東京外大教授（２０１７年に86歳で死去）の台湾研究に昔からハッキリと書いてあったことである。中国共産党の指導者は「台湾を取り戻す」とハッキリ言わないと権力を失うのである。岡田英弘の中国、満州、モンゴル、朝鮮の研究は世界規準であり、最も優れた東洋史学者である。中国の王岐山や周小川《しゅうおがわ》（前中国人民銀行総裁）ら超インテリ指導者たちが、岡田英弘の学問を高く評価している。

岡田先生は、１９７１年に、『嵐のなかの台湾』という評論文を書いた。これは台湾独立論であった。ところが、そのころちょうどニクソン大統領が訪中した。だから勉強会仲間であった文藝春秋の田中健吾編集長（のち社長）らに嫌われ疎《うと》んじられた。岡田はしばらく保守言論界で書く場所を失った。

岡田英弘は戦後、台湾で中国語と中国研究をした人である。中国本土には行けなかった時代だ。あの頃は中国を刺激する本は出すな、ということだったのだ。日本の保守派は風《かざ》見鶏《みどり》である。

中国は民主化するのか？

私の近《きん》未来予測では、中国は2022年からデモクラシー（民主政体《せいたい》）に移行していく。習近平の3期目の次の5年が2022年（第20回党大会）から始まる。この任期中の2027年までに、中国は、普通選挙制度と複数政党制を実現する。この2つが揃《そろ》うとデモクラシーだ。これは前述した。

これを実現しないと、世界中の国々が中国を立派な国として尊重しない。中国の指導者たちも分かっている。私はこのことを前著『今の巨大な中国は日本が作った』（2018年、ビジネス社刊）で書き始めた。

それと中国国内の各層の民衆、国民が、このままでは我慢しない。「言論の自由と報道、思想の自由を与えよ！」ではなくて、「よこせ！」という動きに出ようとしている。これは、もうすぐ沸点に達するところまで来ている。習近平たちは中国民衆に平身低頭《へいしんていとう》しているのだ。

だが、中国民衆は、香港の独立運動のようなものには賛同しない。なぜなら阿片《アヘン》戦争（1840―1842）のあと、香港はイギリスに奪い取られ植民地にされたところである。だからそれを中国に取り戻すという決断に中国人はなんのためらいもない。

台湾も国家ではなくて、1971年10月25日に the《ザ》 UN《ユーエヌ》（連合諸国《れんごうしょこく》 ×国連）から追放されたのである。同日に中華人民共和国が入った。そして5大理事国（ファイブ・パーマネント・メンバーズ）のひとつになった。ただ、台湾は同日に自分たちの方から脱退した、ということになっている。台湾は世界中から国家として認められない。あと15カ国の小さな国々が国家としての付き合いをしている。

台湾民衆も、「自分たちは漢民族の一種であり中国人《チョングォレン》だ。だから、当然、台湾はやがて台湾省として、中国の一部に入っていくと」いうことを理解している。そのためには、「北京政府が、共産党独裁（ディクテイターシップ）政治体制をやめて、デモクラシーの体制に変わってくれれば、それでいい」と思っている。そうすれば、台湾は中国の一部で一つの省になっていいと考えている。台独《たいどく》（台湾独立）を唱えているのは民進党の一部の強硬派である。台湾の若者たちは、仕事がちゃんとあることと経済成長が続くことを条件に「一国二制度」を受け容れようとしている。

台湾の中国化とシーレーン問題

ここで問題なのは、将来台湾が中国のひとつの省になると、日本と韓国にとって、中東からの石油（原油）の輸入ルートであるシーレーンが危うくなることだ。日本は現在、170隻の大型タンカーで中東から原油を運んでいる。台湾が中国に戻ると、フィリピンもドミノ理論によって、自然に中国寄りの国家になっていく。なぜなら、フィリピンに今も隠然と存在する支配階級は、中国系の血が入っているからだ。アキノ一族のように、表面上はスペイン人の血筋を引いている支配階級の名家のように見える。だが同時に、中国の華僑系の血筋も引いているのである。

1898年の米西戦争《べいせい》（the《ザ》 US《ユーエス》 Spanish《スパニッシュ》 War《ウォー》）で、アメリカはスペインから、キューバとグアムとフィリピンを奪い取った。アーサー・マッカーサー大将（ダグラス・マッカーサー大将の父親）が、軍事総督（プロコンサル、proconsul）としてやってきた。スペインの植民地支配から離れて、今度はアメリカの植民地になったのだ。アメリカはフィリピン人に「そのうち独立させてやる」と言っていたのに、約束を破って独立させなかった。日本軍が攻めてきて占領した（1941年）。しかし日本軍は負けて、第2次世界大戦が終わった後、フィリピンはようやく独立した。そのときのフィリピン国憲法の条文と、今の日本国憲法はそっくり、ほぼ瓜二つだといわれている。しかし誰もこの研究をしようとしない。

シーレーンが危なくなると、中東から原油を運ぶタンカーが危なくなる、と日本は考え始めている。米海軍とは別個の、独自の防衛ラインを考え始めている。これはインド洋にまで及ぶ防衛ラインだ。日本の大型タンカーを海上自衛隊の艦船が、何かあったら護衛するという計画だ。今のトランプのアイソレーショニズム、即ち国内優先で「アメリカはもう帰るぞ。自国に軍隊を引き揚げるぞ」という動きがあるので、シーレーンのタンカーを自力で防衛する必要を政府も分かっている。

これをトランプは、しきりに「どんどん本国に帰せ、帰せ。カネがかかって仕方《しかた》がない」

と言っている。前述のように今のアメリカ国民の腹の底、というか頭の芯のところで、「もう外国のことに関わりたくない」という気持ちが、ものすごく強い。これがトランプというポピュリスト大統領が出現した理由である。

中国人はヒラリー・クリントンのことが大嫌い

この「アメリカはもう世界のことに関わりたくない」（isolationism《アイソレーショニズム》、国内優先《こくないゆうせん》主義）という考えと、真っ向から対立するのが、グローバリズム globalism である。グローバリズムは、「アメリカは世界の警察官をやり続けるべきだ」論だ。

世界の警察官のことを、グローバル・コップ、またはワールド・ポリスという。だから後述するようにトランプ2期目で（2021年から）トランプをいじめるであろうアメリカの共和党の上院議員たちはグローバリストである。「アメリカは今後もワールド・ポリスを続けるべきだ論」の人たちである。

「しかし、もうアメリカにはそんなカネはない」というのがトランプの本音である。だから、こっちのほうが、アメリカ国民の意思としては強い。さらには、アメリカの軍人たちが、死ぬ気で戦争をする気がもうなくなっている。北朝鮮爆撃をやらなかった（中止）ときに、このことがはっきりした。

もっと本当のことを、オバマ政権のときに途中でクビになったヘーゲル国防長官が言っていた。チャック・ヘーゲルは正直者の政治家だった。

「アメリカは自分の国を守る戦争しかしない。アメリカが軍隊を出すのは、隣りのメキシコとカナダまでだ。もうそれ以上は出さない」

これがアメリカ人の本音なのだ。

アメリカ民主党はリベラル派だから、まともな人たちは米軍の海外駐留をいやがる。ところが米民主党の中に、恐るべき隠れた好戦派《こうせんは》のグローバリストがいる。それがヒラリー・クリントン派だ。このことは後述する。

パット・ブキャナンというゴリゴリの根本保守の評論家がいた。まだ生きている。私は、この正直者のパット・ブキャナンが大好きだ。彼が、1991年に言い出した。「私たちはもう家に帰ろう」〝we go back home.〟「もうあの恐ろしい赤いヒグマ（ソビエトのこと）は、滅んだのだから」と言い出した。このパット・ブキャナンの発言で、アメリカの国論が動いた。

トランプは、ブキャナンを尊敬している。ブキャナンは、やや複雑そうな表情をしながらも「トランプを応援する」と言った。実は、「メキシコとの国境線にバーブド・ワイヤー barbed wire 鉄条網を、ずっと敷け」と最初に言ったのはパット・ブキャナンである。それが現在のトランプのメキシコ国境に建設中の高い塀（壁《ウォール》。高さは30フィート、27メートルある）になったのだ。

トランプの政策が、「私たちはもう家に帰ろう」なのだということを、日本人はなかなか理解できない。さらには「カネがかかるのはもう嫌だ」も本心の本心だ。「米軍に駐留してもらいたかったら、今の5倍の駐留費を払え」だ。韓国政府は、即座に拒否した。ドイツのメルケル首相も即座に拒否した。日本政府は黙りこくってしまった。一番情けないのは日本だ。

だから今もヒラリー・クリントンに代表される戦争好きの勢力がうごめいている。中国人はヒラリーが大嫌いだ。なぜなら、もし2016年の大統領選でヒラリーが当選していたら、今頃は、第3次世界大戦（ラージ・ウォー）が、本当に起きていただろうからだ。

日本の知識人で、まだまともな方の若手の知識人たちが、「今の世界は、グローバリズムと対決するポピュリズムの時代だ」という。ポピュリズムは「民衆《みんしゅう》主義」のことだ。

このポピュリズムの長い歴史と思想を何も知らないで、「ポピュリズムの政治家が出てきた」などと、すぐに使ってしまう。さらにはよく分かっていないフランスやらの知識人が、アメリカのポピュリズムという言葉を使う。その本を日本語に翻訳して分かった気になる。

だが、ポピュリズムという言葉は、アメリカで生まれたのだ。

「ワシントンの官僚どもとニューヨークの金融財界人どもが、デモクラシーを盗んでいる！　私たちアメリカ国民の本当の代表が出てくるのを阻止する」という、この人々の思想をポピュリズムという。

「汚れた首都ワシントンの、腐った沼のような政治を、叩き壊せ」「あの害虫どもを日干《ひぼ》しにしろ」という、アメリカ民衆の反乱の思想のことをポピュリズムというのだ。そのためにたくさんのポピュリスト政治家が、殺された。このアメリカ政治の重苦しい歴史の真実を日本人は、誰からも教えられないから誰も知らない。

これを理解しないでアメリカ史は分からない。「民衆に迎合して民衆を扇動するアブナイ政治家の出現をポピュリズムと言う」程度に考えている。そのように教えられている。私、副島隆彦は、独力で苦心してこのアメリカ政治研究をやってきた。

アメリカ政治のなかでポピュリストといえば、ウィリアム・ジェニングス・ブライアンという政治家だ。W・J・ブライアンは、アメリカ国民に圧倒的な人気があって、1900年前後の大統領選挙に勝って必ず大統領になれる政治家だった。アメリカ国民が圧倒的に支持した。だが、ロックフェラー財閥とニューヨークの金融財界人たちに邪魔された。

そこで、自分の子分だったウッドロー・ウィルソン（プリンストン大学の学長をしていた）を、1912年に大統領にした。自分はその国務長官となった。ところがウッドロー・ウィルソンが、ブライアンを裏切ってロックフェラー財閥たちにかどわかされて、FRB（米連邦準備制度理事会。アメリカの中央銀行）を作った。アメリカ国民は、強く反対していたのだ。これでアメリカの金融制度は財界人たちに握られた。さらにウィルソンは第1次大戦後だったので国際連盟（ザ・リーグ・オブ・ネイションズ）も作った。W・J・ブライアンは失意で政治家をやめた。

もうひとり大事なアメリカのポピュリスト政治家が、ルイジアナ州知事そして上院議員になったヒューイ・ロングである。彼もものすごい人気があって、大統領選に出てフランクリン・ルーズベルトと戦おうとした。が、1935年に暗殺された。

W・J・ブライアンとヒューイ・ロングを知らないで、ポピュリズムを語るべきではない。

右がウッドロー・ウィルソンに裏切られたW・J・ブライアン（1860〜1925）。左がルイジアナ州知事、上院議員を務めたヒューイ・ロング（1893〜1935）。ロングはルーズベルト大統領に挑戦して暗殺された。

このアメリカのポピュリスト政治家たちの大きな歴史を、日本の知識人で知っている人間は、私しかいない。日本人のアメリカ研究学者というのは、ヒヨコか、飼育されたアメリカの手先《てさき》どもだ。日本国民に大きな真実を伝えない。その能力もない。

世界の政治と大きな鉄骨、骨格のところで、分からなければ、政治なるものはわからない。自慢ではないが、私は自力で、大きな政治の骨格を理解した。そして自分の本に書いてきた。だが、30年経《た》ってもあまり理解されない。私の目の前に現れたら、日本の大学教授や知識人たちは、鎧袖一触《がいしゅういっしょく》で殲滅《せんめつ》されるだろう。こんなことを書くから、ますます私は敬遠される。もう慣《な》れた。

もうアメリカの圧力などなくなってしまった

鄧小平が1979年12月に日本に来た。丁度40年前だ。このときに、松下電器の創業者の松下幸之助に、中国に来て工場を作ってくれと頼んだ。幸之助は一言《ひとこと》、「よろしゅうおま」と言った。それで、松下は今も中国で大事にされている。1989年6月4日（中国では六四事件という）の天安門広場の事件のあとも、情報をもらっていて、「大丈夫だ」と言われた。それで、日本の大企業たちは撤退しなかった。さらに信頼された。

この松下幸之助の先見の明はすごいものがある。幸之助の盟友で、台湾の台湾《フォモサ》プラスチックの創業者、王永慶《おうえいけい》も鄧小平に頼まれた。このとき中国を豊かにする第一歩が始まったのだ。今から丁度40年前のことだ。

このフォモサ・プラスチックの子会社がＴＳＭＣ《ティーエスエムシー》である。ＴＳＭＣが、米クアルコム社の設計図に基《もと》づいて半導体を製造している。ファーウェイはこの米半導体を買って組み込んで深圳でスマホを作っている。ファーウェイの会長の任正非《じんせいひ》に言わせれば、「半分は子会社のハイシリコン製を使うが、半分は外国製品を買っている。長いつき合いを大事にしなければいけないから」となる。

クアルコムとノキア（ノルウェー）とエリクソン（スウェーデン）も5Gの基地局《セル・ステイション》（電波塔）を作っている。だがファーウェイのほうが値段も安くて性能もいい。

アメリカ政府の圧力など気にしていられない。おそらくアメリカ国内のＩＴ企業でも、いろいろな迂回手段（抜け穴）を使って、ファーウェイ社との取引（売り買いの双方）を続けているようである。ファーウェイの任正非は、「グーグルやマイクロンテクノロジー、アップルと、今も仲良しだ」とはっきりと言っている。

トランプ政権が、どのように取引禁止命令（大統領令。エグゼクティブ・オーダー）を出しても、企業は自分が必要なものは全部何があろうが手に入れる。実体経済《じったい》の実物経済《じつぶつ》を政治の力で歪《ゆが》めることはできない。

このことは、1985年の日米半導体交渉のときも、1995年の日米自動車交渉のときも同じであった。実物、実体の企業行動は、外交交渉で押さえつけることはできない。ただし、金融業（銀行）は、日本は完ぺきに叩きのめされた。金融は実物経済でないからだ。1992年に、クリントン政権が始まって〝クリントン・ゴジラ〟が、日本に上陸して暴れまわった。あのとき本当の敵は、日本の自動車産業ではなくて、日本の金融（銀行業）で、それを叩き潰す戦略だった。クリントン政権が終わる直前の1999年に、日本で銀行危機が起こされて、長銀《ちょうぎん》と日債銀《にっさいぎん》が叩き潰された。その前年の1998年に、山一証券や北海道拓殖銀行が破たんしている。あれがアメリカの本当の目的だった。

だから今度の米中貿易戦争も本当は、金融戦争《キャピタル・ウォー》である。貿易戦争は、すぐにITハイテク戦争になってしまった。ところがこのハイテク戦争（ファーウェイ戦争）は、どうもすぐさま金融システムの戦い、すなわち米中金融戦争になったのである。

中国の経済成長率は、2011年から下がっている。それでも世界1の成長率である。

中国の経済成長率の推移(4半期ごと、前年比)

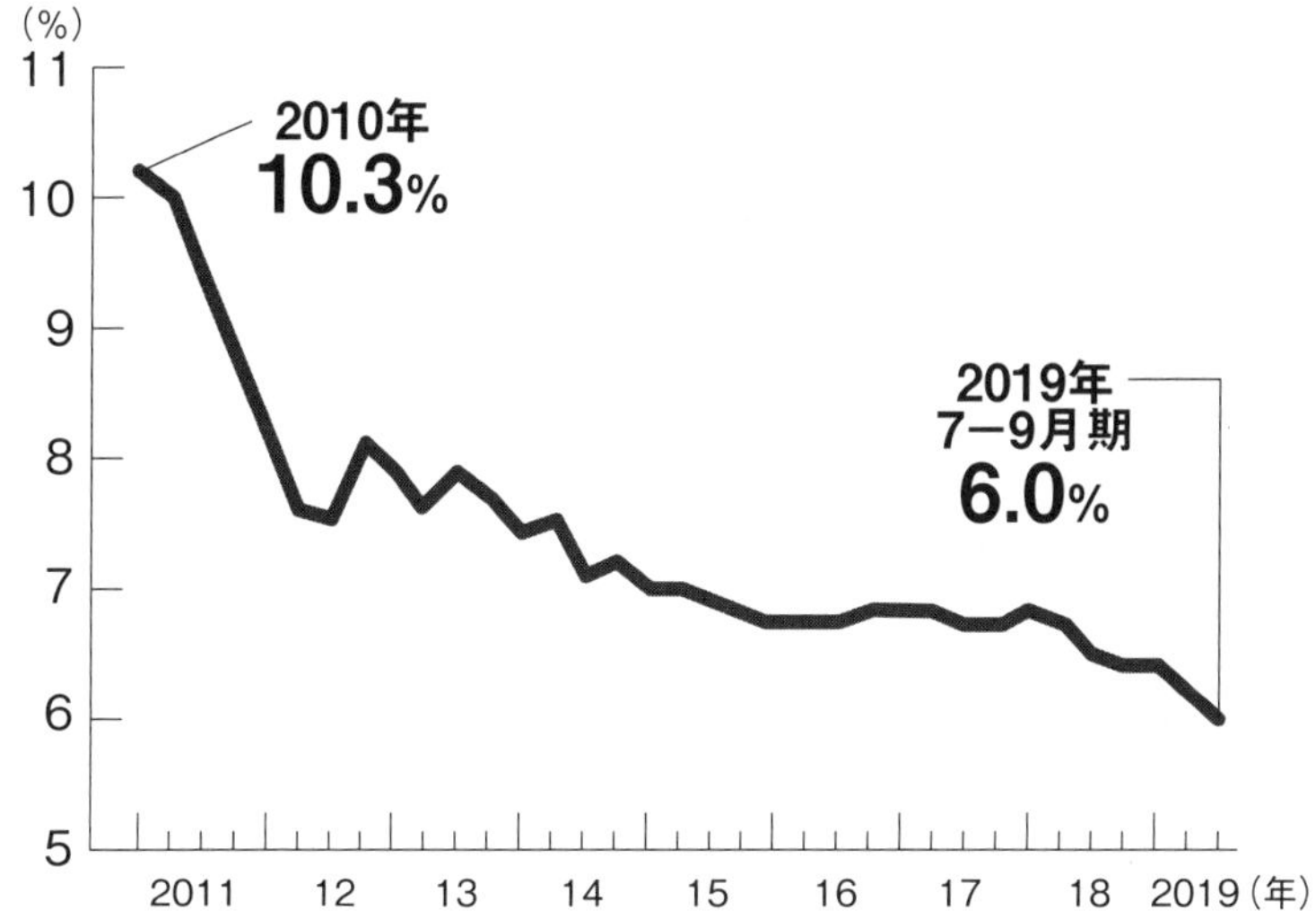

出所：中国国家統計局

中国は「改革開放」が始まった1979年からの30年間は、平均で10%の成長を続けた。驚異的な成長である。このあと徐々に落ちてきた。

中国に比べて、米・欧・日の先進国はマイナス成長でゼロを割っている。それなのに無理やり、「1.2%のプラス成長」とかウソの発表を続けている。

警戒の目はファーウェイの海底ケーブルに

近藤大介氏という優れた中国研究家が書いている『ファーウェイと米中5G戦争』（講談社α新書、2019年7月刊）の第3章で、「アメリカは中国の「5G制覇」におびえた」という箇所がある。中国は、2001年にWTOに加盟した。これが重要だった。WTO（世界貿易機構）に入ることで、中国は、世界中に製品を自由に輸出できるようになった。

2001年の中国のGDPは、アメリカの8分の1しかなかった（2・5兆ドル）。10年後の2010年には、日本を追い越した（5・2兆ドル）。そして世界第2の経済大国にのし上がった。このあとの急成長で、2018年には、GDP16・5兆ドルで、アメリカの24兆ドルを激しく追撃中である。あと5年（2024年）で、米中のGDPは逆転するだろう（次ページのグラフ参照）。

2013年から習近平政権が始動した。習近平はユーラシア大陸にまたがる広域経済圏「1帯1路（シルクロード経済ベルト と 21世紀海のシルクロードの2つから成る）」を掲げて、官民挙げて海外進出を加速させた。

日・米・中3ヵ国の名目GDPと5年後の予想

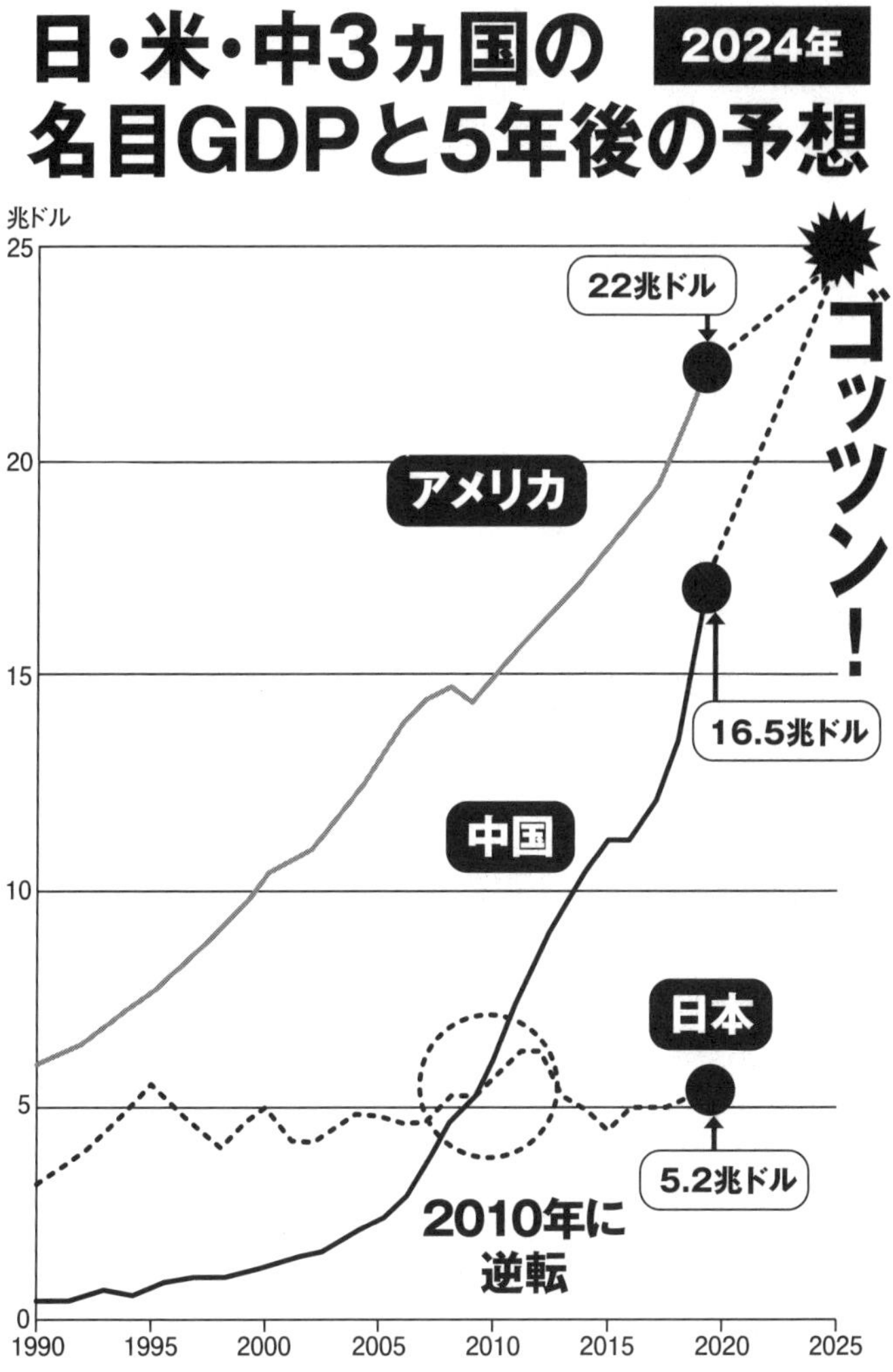

出典：IMF、OECDの資料を基に副島が予測値を算定

世界に着々と広がっている。

モスクワ
1 億ドルをファーウェイが中国投資銀行
の支援でウズベキスタンに投資
タジケント
中国 - パキスタン
光ファイバープロジェクト
ニューデリー
パキスタン
デジタル経済国際協力イニシアティブ
（2017 年発足）
中国、ラオス、タイ、UAE、
サウジアラビア、トルコ、
エジプト、セルビア
バンコク
タイ
シンガポール
パキスタン、東アフリカ、
ヨーロッパ接続システム
（海底ケーブル）
セイシェル
オーストラリア
シドニー
40 億ドルでアリババが、東南アジア最
大の e コマース企業のラザダを買収

中国のデジタル・シルクロードは

投資活動
ネットワーク整備
スマートシティ化
リサーチ・データセンター
ロンドン
バランシエンヌ
フランス
カーボベルデ
カラカス
ベネズエラ
南太平洋インターリンク
海底ケーブルシステム
ルサカ
ナショナル ICT 開発。ファーウェイのデータセンター建設、電子政府技術やICT 教育などをザンビア国に提供

2015年末には、日米が半世紀にわたって主導してきたADB《エイディビー》（アジア開発銀行）に対抗して、AIIB《エイアイアイビー》（アジアインフラ投資銀行。現在、100カ国が参加。米と日だけが意固地で不参加）を発足させた。「これで中国は、中小国、後進国への金融面でのバックアップ体制を整えた」と、近藤氏は書いている。

ここで中国模式《もしき》（チャイニーズ・スタンダード）という言葉が出てくる。この中国模式が、これからの世界の基準の考え方になっていく、と中国は考えている。近藤氏は「中国模式の拡大は第2次世界大戦後の世界秩序であるブレトン・ウッズ体制が後退していくことを意味する」と書いている。

さらに、大陸間の情報通信を担う海底ケーブルの分野でも、ファーウェイが巨大な存在となった。子会社のファーウェイ・マリン・ネットワークス（海洋網絡）のホームページを見ると、「2019年末までに、全世界で90項目、のべ5万kmもの海底ケーブルを敷設する」と書いてある。海の覇権争いも、今後ますます激しくなる。

第5章 中国の膨張を招き込んだアメリカの弱体化

腰砕けとなったペンス副大統領

これから中国がどうなっていくか。中国はこのまま成長を続ける。すでに巨大国家となってしまった中国を、押しとどめる力や勢力はどこにもない。アメリカとがっぷり四つで貿易戦争《トレイドウォー》を戦っている。それはＩＴ《アイティー》ハイテク戦争に、そして金融戦争（キャピタル・ウォー capitalwar）になった。アメリカと中国は世界覇権《ワールド・ヘゲモニー》を争う２つの大国になってしまっている。

日本は、アメリカにしっかり、べったりとくっ付いていくことで、安全と言えば安全で確実だ。だが、こんなみっともない対米従属《たいべいじゅうぞく》国家をいつまでもやっていていいのか、という批判も当然のように沸き起こる。

２０２０年に、世界で金融（信用）不安が起きる。米、欧、日の先進国地帯は、株式の暴落に伴う、それを拡張して作られている各種の債券《ボンド》市場で信用危機（クレジット・クライシス）が起きるだろう。

それに対して中国はどういう態度をとるか。中国は自分の国の金融市場を賢く閉じるという手に出るだろう。そうやって西側諸国《ザ・ウエスト》（先進資本主義国）の被害を、モロに受けることを避ける。その上で中国は実物経済《リアル・エコノミー》である世界の自由貿易体制（フリー・トレード・システム）は徹底的に死守する。いまの中国は、巨大な大国になってしまったので、とても日本がまともに太刀打ちできる国ではない。

中国は、今のところはまだ世界覇権国であるアメリカと、正面から対決してその覇権に挑戦して追い上げている最中だ。日本ごときではとても相手にならない。日本に対しても、これからもっともっと中国の影響が強くなっていく。この目の前のはっきりとした事実を、どうしても認めたがらない人々がいる。

私は、2008年からの12年間、中国の現実の動きを現地調査しながら、毎年1冊ずつ日本国民に報告する本をずっと書いてきた。だから、この私の12年間の実績の上にこの本も積み重なる。これらの過去の本のうち何冊か本書の巻末に載せるだろう。

最新の知識で言うと、10月24日にアメリカのペンス副大統領が、対《たい》中国の重要演説をした。ペンスは、トランプとはちがって、中国に対する強硬派の勢力の代表である。トランプは「アメリカの力はどんどん落ちている。外国にいる米軍をどんどん国内に撤退させよう」派である。これをⒶアイソレイショニスト（isolationist、国内優先《ゆうせん》主義派）という。

それに対してペンスたちは、「アメリカの軍事力で今後も世界を支配し続ける」派（グローバリスト。軍産複合体派《ぐんさんふくごうたいは》）である。このⒷ派の勢力を代表するアメリカ政権内のトップのペンスが、どうも腰砕けの演説をした。主要なメディアから「中国に対してトーンダウン」と書かれた。

今の中国とアメリカの貿易戦争（通商交渉）は、2018年3月22日にトランプが自分で火を付けた。そして、どんどん激しくなっていった。それにさらに燃料爆弾（中国語で加油《ジャヨウ》という）を投げ込んで激化させたのが、2018年（一昨年）10月4日のペンス副大統領による対中国強硬《きょうこう》演説であった。ワシントンのシンクタンクのハドソン研究所で行ったものだ。

ここで余談だが、次の日本人への駐日大使はこのハドソン研究所という右翼、保守派のシンクタンクの所長をしている、ケネス・ワインシュタインが推《お》されている。しかしまだ決まらない。この人物は、中国に対してもっと厳しい態度に出るよう日本政府に圧力をかけ、唆《そそのか》すための人物である。彼にならない方がいい。

米国は中国との貿易赤字を、1年間に4000億ドル（40兆円）ずつ出している。それが累積《るいせき》している。

アメリカの対中貿易支出

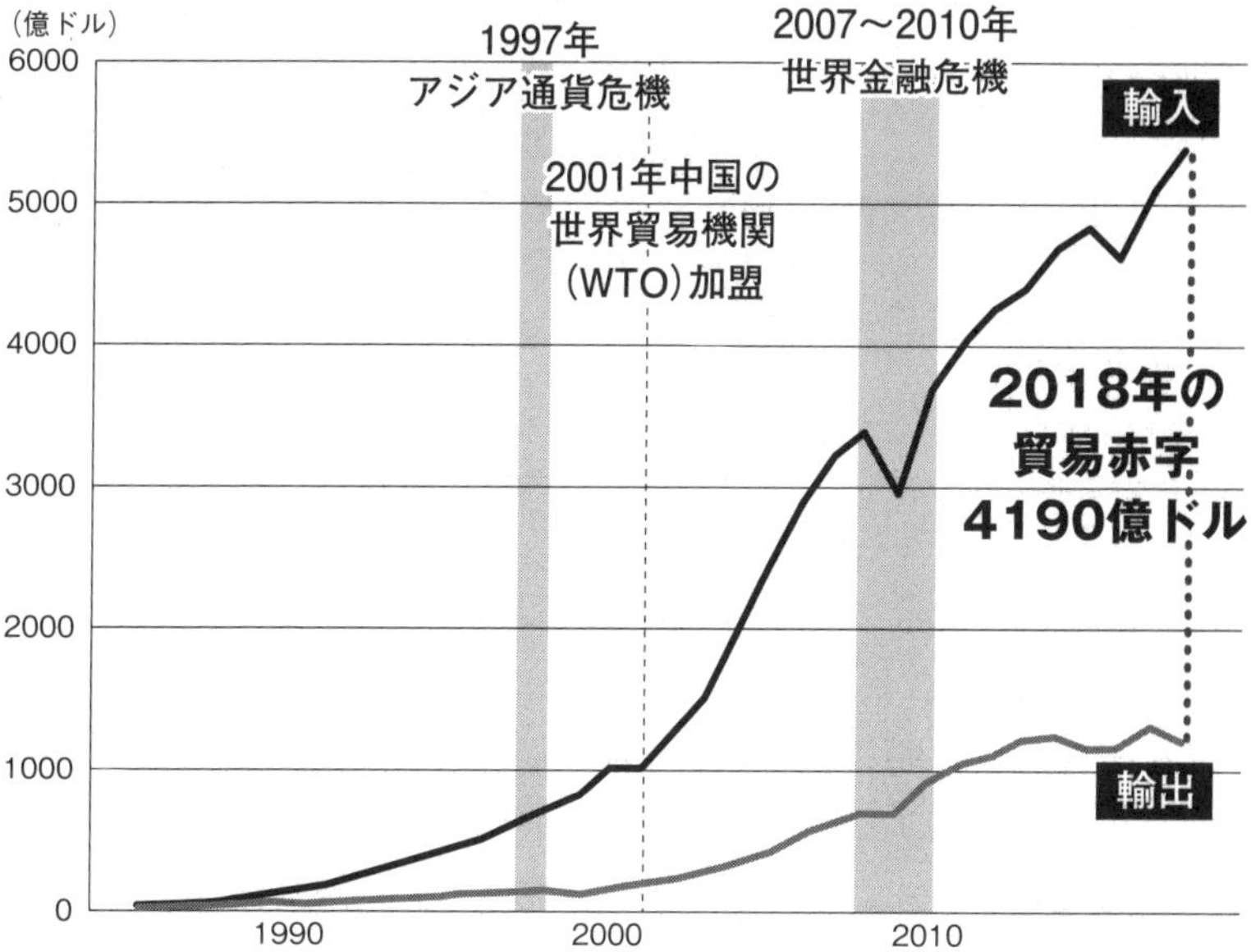

出所：US Census Bureau

毎年40兆円も、アメリカは中国から輸入超過である。対《たい》世界全体では年間80兆円の貿易赤字だ。この赤字が溜《た》まりに溜まって2000兆円（20兆ドル）ぐらいになっている。トランプが気が狂いそうになるはずだ。

「外国にいる米軍の兵隊たちは国に帰って、ゆっくり休め」

アメリカ政治を大きく2つの勢力に分けると、前述したとおり、Ⓐのトランプ大統領派。彼は対《たい》中国強硬派ではない。何とか中国と折り合って話をつけたい。すなわちディールを成立させたい。だから、「部分合意」の成立を、習近平と会ってなんとか形だけでもやり遂げたい。

米中の貿易戦争は、どうせ収まらない。このあともずっとズルズルと、トランプ政権の終わりまで4年間続く。アメリカ政府の中は2つの勢力に分裂していて、トランプが代表するのはⒶ穏健派である。トランプを支持する穏健保守派のアメリカ白人層の多数派は、

「アメリカの軍隊を世界中から国内に引き上げろ」

と思っている。もうアメリカは、世界の秩序《ワールド・オーダー》を守るための警察官(グローバル・コップ。ワールドポリス)をやる余裕がなくなっている。

トランプは、「外国にいる米軍の兵士たちは国に帰って、ゆっくり休め」と言っている。これをアイソレーショニズム isolationismという。

「コラ！ ペンスよ！ 中国を刺激しすぎるんじゃない！」とトランプはペンスを注意した。

ペンスは2018年は保守派のシンクタンク、ハドソン研究所でスピーチし、翌年はリベラル系のウッドロー・ウィルソン学術センターで演説した。

アイソレーショニズムは、「アメリカ国内優先《ゆうせん》主義」と訳すべきだ。それを新聞、テレビははっきり「アメリカ孤立主義」と訳している。間違いである。「アメリカ・ファースト！」も、このアイソレーショニズムとまったく同じことの別の表現である。これを「アメリカ第1主義」と訳している愚かなメディアや知識人が、日本では今もほとんどである。何が第1なのか？　分かって訳しているのか。もっとひどいのは、「私が1番《ファースト》（第1）」というダジャレにした。

この「ファースト」は「アメリカ国内が優先《ファースト》」という意味である。外国のことは2番目《セカンダリー》だ。×「アメリカが世界で一番の強国だ」という意味ではない。たとえば「レディー・ファースト」という言葉は日本語にもなっている。「女性を優先《ファースト》させる」という意味だ。そうでしょう？

「アメリカ・ファースト！」とは、「国内のことを優先しよう。外国のことは二番目、二の次、セカンドだ」という意味だ。だから前述のように、韓国にいる公称2万8000人の在韓米軍（韓国に駐留している米軍部隊）は、あと数年で韓国から撤退だろう。韓国政府は「もう出ていっていいです」と言いだしている。米軍も「それなら、もう帰る（撤退する）よ」と険悪な感じにどんどんなっている。それがGSOMIA《ジーソミア》（日韓軍事情報協定？）

の破棄表明問題で騒がれた。日本はこの問題は関係ない。米と韓の問題だ。

Ⓑのペンス副大統領が代表する軍産複合体（ミリタリー・インダストリアル・コンプレックス Military Industrial Complex）は、軍需産業を重視して、これからも世界各地で小さな戦争（軍事紛争）を起こして、それでアメリカの世界支配力を維持しようと考える人々だ。

だからトランプ大統領とペンス副大統領は考え方が違う。ところが、一年前とちがって、２０１９年10月24日のペンス副大統領の演説は、腰砕けで、中国との関係継続まで言ってしまった。

米中貿易戦争は、今年中に表面上は静かになる

では、なぜペンス副大統領が腰砕けになったかというと、それは彼が中国のことだけにかまっていられないからだ。アメリカの副大統領（副だからviceヴァイスと略称する。このヴァイスは、副大統領以外には使わない）は、米上院《じょういん》議会の議長を務める。上院議会（セネト）は全米50州から2人ずつで１００人の上院議員（セネター）がいる。ペンスは、上

院議会を自分がどこまで抑えることができるかが大事なのだ。大統領は、よっぽどのことでないと、三権分立《チェックアンドバランス》の建て前から議会に来てはならない。

トランプ大統領が2020年11月の大統領選挙で再選される。このことはほぼ確実である。民主党からは、ろくな候補者が出ていない。やはりジョー・バイデン元副大統領（77歳）が対立候補である。

そうなると、2021年からアメリカ政治に何が起きるかというと、上院議員のなかに、オールド・ファッションド・リパブリカン（Old Fashioned Republicans）が存在する。彼らは老練で重厚な、くせ者の議員たちである。

このオールド・ファッションド・リパブリカンたちが、トランプに我慢ができなくなって大ゲンカになる。同じ共和党なのに今のトランプの下品なやり方が気に入らない。アメリカの旧来の支配者層の意志を体現して、「もっとどっしりとした上品で威厳《ディグニティ》のある政治をやれ」と、怒ってトランプを攻撃するようになる。トランプの最大の弱点は「とにかく下品だ」になりつつある（笑）。アメリカ政治の対立軸と重心が共和党内の対立に移る。

ペンスは上院議長として、この重厚な上院議員たちを抑えなければならない。だから、中国との覇権争いや軍拡《ぐんかく》路線に熱中できなくなっている。

ということは、アメリカの中国叩きはうまくいかない。米中の貿易戦争で制裁関税の掛け合いになり、アメリカの輸出大企業も相当に疲れてきた。自分たちの製品の輸出先で大きな金額を占めてきた中国からの締め付けで、利益が出なくなっている。同じく、中国から輸入品に対して高い関税がかかるから、国内の輸入会社が商品の値上げをせざるを得なくなり、国内の景気が悪くなる。

〝ダビデ王〟デイヴィッド・ロックフェラーも懸念している。短い記事を載せる。

「米国と中国は「冷戦の麓」にある、対立暴走は危険―キッシンジャー氏」

キッシンジャー元米国務長官は、11月21日警鐘を鳴らした。「米国と中国は〝冷戦の麓（ふもと）〟にあり、このまま暴走を許せば、対立は第1次世界大戦よりもひどいものになる」と。

キッシンジャー氏（96）は北京で開催された「ブルームバーグ・ニューエコノミー・フォーラム」のセッションで、「このため私の見解では、現在の高い緊張関係が一定期間続いた後に、政治的対立が原因であることの相互の理解が必要だ。それを克服しようとする双方の努力に向けた明示的な努力が行われることが極めて重要だ」と語った。「遅過ぎるということはない。われわれはまだ冷戦の麓にいる」と述べた。

「中国と米国は世界の2大大国であり、長引く貿易戦争の中で、両国が世界のあちこちで衝突するのは不可避だ」との見方を示した。その上で、「相互の目的を話し合い、対立の抑制に努めることが欠かせない、と私には思われる。対立が抑制されることなく暴走を許せば、欧州よりもひどいことになる恐れがある。第1次世界大戦のきっかけは小さな危機だった。それを抑え込むことができずに戦争になった。貿易交渉が米中間の政治対話の糸口となることを望む」とも述べた。

（2019年11月21日　ブルームバーグ）

イレイン・チャオはチャイナ・ロビー代表で政権ナンバー3

イレイン・チャオという台湾系（中国系）のアメリカ政治家のことを日本人はほとんど知らない。10月22日に新天皇の即位の礼（この他に大嘗祭《だいじょうさい》という天皇の代《だい》替わりの宮中儀式がある）があった。この即位の礼は、全世界に向かっての、日本の国家体制としての

キッシンジャー（96歳）を出迎えたのは、やはり習近平の盟友、王岐山（71歳）だ。2人は、険悪になってゆく米中関係を安定させようと必死だ。

2019年11月21日、訪中したキッシンジャー元国務長官と北京の中南海《ちゅうなんかい》で会談する王岐山国家副主席。まるで先生と生徒である。22日は習近平とも会った。

お披露目《ひろめ》である。これにアメリカはペンス副大統領さえ送らなかった。それでイレイン・チャオ運輸長官という中国系の女性が来た。

イレイン・チャオのことをみんなほとんど知らない。このチャオ女史は、台湾系のアメリカ人である。彼女のお父さんは、エバーグリーン Evergreen という、台湾で一番大きな海運業の創業者である。

このエバーグリーン（現在は持ち株会社をフォアモスト Foremost group と名乗る）が大きな力を持っている。エヴァー航空《エア》という航空会社も持っている。中華航空（チャイナ・エアライン）というフラッグ・キャリア（国営企業）に次ぐ民間の会社だ。ちなみに、中国の政府系航空会社は中国国際航空（エア・チャイナ）である。

このチャオが、いまのトランプ政権（政府）で、ナンバー3である。だからアメリカ政府としては、ペンス副大統領の代わりにチャオを日本に送った。だから失礼にはあたらない、という考え方だ。こういうことを私たちは知らない。

イレイン・チャオは、日本から帰るふりをして、そのままこそっと台湾に寄った。なぜなら、台湾にいる自分の勢力の幹部たちと会わなければならないからだ。

イレイン・チャオの旦那は、ミッチ・マコーネル上院議員である。彼が共和党の院内総

イレイン・チャオは今の米政権のNo.3の女傑だ。彼女の力をあなどってはならない。台湾の運命も握っている。

旦那のミッチ・マコーネルとイレイン・チャオ。チャオは息子ブッシュ政権では労働長官を務めた。一方、マコーネルは共和党上院を仕切り続けている、まさにオールド・ファッションド・リパブリカンだ。

務（マジョリティ・リーダー）である。議会の長老で共和党のトップの議員だ。

マコーネル上院議員は軍産複合体そのものだ。陸軍の幹部で、しかも軍の情報部に長くいた。恐ろしい男だ。

ところが、テレビに映るとただの好々爺にしか見えない。トランプとしては、奥さんのチャオを、キャビネット・メンバー（閣僚）の運輸長官（トランスポーテイション・セクレタリー）にしたことで、旦那のミッチ・マコーネルまで自分の側に取り込んだ。チャオが人質だからマコーネルはトランプに逆らえない。これがトランプ政治のやり方だ。うまいものだ。

イレイン・チャオは、アメリカの保守勢力のなかで、今も隠然たる力を持つチャイナ・ロビー派を代表している。チャイナ・ロビーは、私の長年のアメリカ研究で、共和党内の5番目の勢力（思想派閥）である。このチャイナ・ロビーは、「中国人は自分たちの仲間で味方だ」と考える人々で、中国人を将来、全てキリスト教徒に変えることができると信じ込んでいる。ライス・クリスチャン、お米を食べるキリスト教徒と言う。

このチャイナ・ロビー派を作ったのは、ヘンリー・ルースという、タイムライフ社を興した出版人である。第2次大戦中の現地からの報道を重視して、戦場の兵士たちの死体を

アメリカ政界の思想派閥の全体図

民主党	共和党
❶大労組リベラル穏健派	①ネオ・コン派（コウモリ集団）
❷急進リベラル派（学者・知識人・文化人）	②サプライサイダー派
❸「ネオ・リベラル」派	③保守本流派（バーキアン）
❹「ニュー・デモクラット」派	④アイソレーショニスト派
	⑤チャイナ・ロビー派（反共・台湾独立支持派）
	⑥宗教右派
	⑦リバータリアン派

出典：世界覇権国アメリカを動かす政治家と知識人たち（講談社学術文庫2000年刊）

たくさん載せて、アメリカ国民に爆発的に人気のある雑誌になった。奥さんのクララ・ブース・ルースも女傑として有名だった。フランクリン・ルーズヴェルト大統領に、喰ってかかる女性だった。

チャイナ・ロビー派は、国民党《グオミンタン》を育てて大陸反攻《はんこう》をずっと唱えた勢力である。すなわち、中国共産党によって制圧、占領されてしまった今の中国に対して、国民党の蒋介石の勢力を支援して、もう一度中国に攻め返して、中国を共産主義ではない国にしようと考えている人々である。その代表がイレイン・チャオなのである。

ここでは、〝反共の防波堤〟ブルワーク・

アゲインスト・コミュニズム Bulwark Against Communism という考え方が重要である。今の今でも、日本は、韓国、台湾と同じく、まさしくこのアメリカにとっての「反共の防波堤」なのである。

この「反共の防波堤」論は古くからの問題であるからこれ以上は説明しない。チャオ運輸長官は、ブッシュ（息子）政権のときに労働長官（レイバー・セクレタリー）をした。運輸長官というのは、ただの運輸、物流、交通行政だけでなくて、沿岸《えんがん》警備隊（US Coastguard コーストガード）を指揮する権限も持っている。この沿岸警備隊は、アメリカに7つある軍隊の6番目である。陸（アーミー）、海（ネイビー）、空（エアフォース）、海兵隊（マリーン）の4軍の次の工兵部隊（ミリタリー・エンジニア）に次ぐ。

最近は、陸、海、空の3軍の上に、核兵器を扱う「スペイス・ミリタリー（宇宙軍）」を置き、さらにその上に、「サイバー・スペイス・ミリタリー（サイバー軍、電子戦争の部隊）」を置くという考え方が生まれている。中国が先に、この宇宙軍（第2砲兵と戦略ロケット部隊を統合した）という考えを示した。アメリカもそれに追随しつつある。

日本の自衛隊は、アメリカの沿岸警備隊と同格だと考えられている。チャオは、対《たい》中国で尖閣諸島問題や南沙諸島（南シナ海）問題でのアメリカの沿岸警備隊の出動に関わる。

沿岸警備隊にはもう一つ重要な仕事があって、国税庁の仕事と重なる。密輸を取り締まる。密輸の多くは、船で行われるから、その取り締まりは、沿岸警備隊《コーストガード》が行う。だから米財務省と相乗りの管轄である。

チャオ運輸長官のことは、P139の台湾の総統選挙の話につながる。

EVの天下を取る中国にひれ伏すマスク

新天皇の即位の礼に、中国から代表として王岐山《おうきざん》がやって来た。王岐山こそは、中国最大の切れ者である。知識と能力において習近平より上だ。

1966年に文革《ぶんかく》が起きると、習近平は1967年、14歳のときに西安がある陝西《せんせい》省の山奥に下放《かほう》で送られた。穢《きたな》い洞くつ住居で寝泊まりした。4年ぐらい居た。党の大幹部たちの息子たちでも、こういう目に遭ったのだ。

そこに王岐山《ワンチーシャン》が訪ねてきて、一緒に洞くつで寝泊まりした。「そのとき王岐山は、自分のオンナを連れてきたよ。大したものだ」と現地の農民たちから私は聞いた。王岐山は、習近平より5歳上だ。だからこのとき20歳である。

そのときの下放の苦しい体験が、今の中国の指導者たちを作っている。辺境地帯の、泥んこだらけの山国の貧しい農村に送られて鍛えられた。このことが、今の中国のすごさを作っていると言わざるを得ない。だから残酷で残忍極まりなかった毛沢東が、今も中国で否定されないのは、そういう荒々しい、想像を絶する苦難の国作りをやったからだ。

王岐山が、2013年から、党の中央規律検査《きりつけんさ》委員長として腐敗一掃の厳しい共産党内の取り締まりを行った。1万2000人くらいの幹部を、腐敗分子として捕まえて刑務所送りにした。90人を死刑にしたようだ。

王岐山は、はじめ中国農業銀行、そして中国人民銀行（これが中央銀行）で金融制度を改革する仕事をずっとやってきた。王岐山のすごさは、知っている人しか知らない。たとえば10年ほど前に、「日本円と人民元の直接決済の制度」を作った。つまり米ドルを介在させないで、両通貨を直接決済できるようにしたのだ。アメリカはひどく嫌《いや》がっただろう。

こういう腕力をふるって大きな制度の作り替えができるのは、ただ権力を握っているだけでなく、世界規模での頭脳がなければできない。リーマン・ショック（2008年9月、勃発）の前にヘンリー・ポールソン財務長官（ゴールドマンサックスの会長上がり）が、中国側の自分のカウンターパート（相手方）としたのが王岐山である。実はリーマン・シ

王《おう》岐《き》山《ざん》国家副主席が。テスラモーターズ（イーロン・マスク）のEVを守る。それにトヨタとパナソニックがくっつく。

テスラは、2018年5月、ニューヨーク株式市場で、ヘッジファンドたちに潰されかかった。マスクは、それに耐えて生き延びた。中国が助けた。

ョックの時も中国がアメリカを支えた。

この年（2008年）の3月に、ベアスターンズという住宅ローン専門銀行が破たんした。そして9月15日のリーマン・ブラザーズの破たんんだ。ポールソン財務長官が、キャピトルヒル（米議事堂）前で、日曜日にたったひとりで発表したときに、リーマン・ショックは始まったのだ。あのとき、中国は、国内向けだが4兆元（56兆円）の景気刺激策を打ち出した。先進国はみんなガックリ来ていて大きな対策を取れなかった。あれで、一気に中国の株が上がり世界経済が救われたのである。

あれをやったのも王岐山である。そして今年2019年10月23日、イーロン・マスクのテスラモーターズの、上海工場が完成して操業を始めた。イーロン・マスクは、去年アメリカのヘッジファンドたちの総攻撃を受けて、テスラ株が暴落して今にも潰されそうになっていた。それでもハリウッドの俳優や女優たちは、テスラEVの高級車「モデルX」を争って買っている（20万ドル、2200万円する）。

このイーロン・マスクという大口叩き（ビッグ・マウス）の男を、助けたのも王岐山である。王岐山にしてみれば、たんなる電気自動車（EV）ではなくて、それに付加価値がついている〝時代の先端を行く〟EVを、中国で作らせることに意味がある。

イーロン・マスク（48）は、王岐山との深い仲を隠そうとしない。誰も中南海まで入れない。初めて内部が映った。

Elon Musk
@elonmusk
Following
With my team after a profoundly interesting discussion of history, philosophy & luck with Vice President Wang in 中南海紫光阁

2018年7月12日、イーロン・マスクは王岐山と中南海で会談した。右はテラスの真っ赤なEV。翌年1月には李克強首相とも会談。マスクが「中国を愛している」と言うと、李克強は「永住権をあげてもいい」と答えた。

イーロン・マスクを中国が助けて、上海工場をただちに作らせた（たった2年で）。ということは、それだけでも、トランプに対して「これ以上、中国を舐《な》めるなよ」という合図になる。イーロン・マスクは、各国の首脳でも入れない中南海《ちゅうなんかい》に呼ばれて王岐山と会った。イーロン・マスクたちテスラの幹部の写真が残っている（2018年7月12日）。

このイーロン・マスクの下に、コソコソとくっつくようにして、実は日本のトヨタとパナソニックが存在するのである。トヨタもパナソニック（松下電器）も、アメリカ政治の恐ろしさを、死ぬほど味わって知っている。

どれくらいひどい目に合って、ぶん殴られたか。トヨタで500億ドル、5兆円取られた。日本の代表的大企業の幹部たちは腹の底から知っている。だからイーロン・マスクの陰にかくれて商売をやっているのだ。

あとのほうで新聞記事を載せるが、パナソニックがアメリカのネバダ州に作った「ギガファクトリー」の大きなリチウムイオン電池の大工場がある。このパナソニックの電気自動車用のEV用の工場は、テスラが買ってくれることを見込んで作ったものだ。

ところが、マスクは自分の手元の資金が足りなくなって、パナソニックとの約束を守ろうとしない。それで、パナソニックの津賀《つが》一宏《かずひろ》社長は、トヨタの豊田章男社長に泣きついて、「なんとか余っている電池を買ってくれ」と頼んだ。

トヨタもパナソニックも、これでなんとなるのだ。なぜなら中国にも、そのままテスラに守られるようにして、あとに続いてEV用の工場を作り始めているからである。不思議なことに、リチウムイオン電池以上の新しい電池を、まだ、人類は大量生産できていない。EVがこれほど騒がれる時代でも、蓄電池《バッテリー》の技術革新は、まだまだ時間がかかる。

「苦戦パナソニック、トヨタに急接近 テスラとの距離探る」

パナソニックが、トヨタ自動車との距離を急速に縮めている。両社はこの1月に、車載電池、5月に住宅の事業を統合すると発表した。パナソニックは過去に両事業を成長の両輪にすると宣言した。1兆円の投資枠を設けてヒト、モノ、カネを注いできたが、単独での成長は難しく、創業以来の親交が深いトヨタと組む。一方、電気自動車（EV）向け電池で組む米テスラとの関係では、事業の赤字が続き、適切な距離を探り続けている。

（2019年8月27日　日本経済新聞）

さらに記事には生々《なまなま》しい情報が続く。これで実情が手にとるように分かる。

電池提携、トヨタに主導権

（2019年）1月21日朝。京都の石清水八幡宮に社長の津賀一宏（62）以下、パナソニック役員が一堂に会し参拝した。創業者の松下幸之助の時代から続く年始の恒例行事だ。翌日にトヨタとの新会社設立の発表を控え、ブルーのネクタイを締めた津賀の表情は引き締まっていた。

その日から遡ること約1年前の2017年12月。津賀は、トヨタ社長の豊田章男（63）と報道陣の前で握手した。東京・汐留にあるパナソニックの拠点に近いホテルで、「車載用電池で協業の検討に入る」と華《はな》やかに発表した。ところが翌日1月22日に開いた新会社設立の発表会見の会場は、名古屋駅前にある高層ビルに入るトヨタ社内の会議場だった。双方の出席者も事務レベルだった。トヨタが主導権を握ることを象徴する。

20年末までに設立する新会社に、トヨタが51%、パナソニックが49%をそれぞれ出資する。パナソニックは国内外に持つ4つの車載電池工場を新会社に移し、名実ともにトヨタのためにEVやハイブリッド車（HV）などに積む電池を生産する。

「神様かな」パナソニックのある社員は新会社における、トヨタの存在感をこう予測する。両社の経営陣は「対等の精神」を強調しても、現場は力関係を見透かす。

パナソニックは、車載電池で世界屈指の規模と技術を誇り、この分野ではトヨタに決して譲らないはずだ。それなのに新会社の出資比率がマイナーにとどまるのはなぜか。

パナソニックにそろう好条件

「2兆円とかっていう話でしょ」マツダ幹部は2018年、トヨタとパナソニックが検討する電池の投資計画の噂を聞いた。トヨタは2025年に、EVやHVなど電動車550万台を販売する計画を掲げる。マツダなどトヨタと提携するメーカーへの供給も視野に入れると需要をまかなう投資は膨大だ。

新会社で生産した電池は、パナソニックを通じて売る。設備投資は主にトヨタ側が負担する――。パナソニックには好条件がそろう。電池の確実な買い取りも望める。まだEVは、補助金など各国の政策で需要が左右される面が大きく、市場動向は見通しにくい。一方で、事業の競争力を保つには、生産設備や研究開発に注ぐ巨額の投資がいる。トヨタの資金力や購買力を生かせるパナソニックのマイナー出資は、このジレンマを解消する方策だ。

「車載電池はかじ取りが極めて難しい事業。これまでの経験を踏まえて判断したベストの選択だ」パナソニックの経営陣はこう主張する。しかし周囲からは「事業整理の一環だ」（金融機関の関係者）との見方が根強い。〝（赤字事業の）切り離し〟との見方を払拭しきれない。その理由の1つは、成長エンジンとなるはずだったテスラ向け車載電池事業が軌道に乗らないことだ。

パナ、テスラともにイライラ

パナソニックとテスラの蜜月関係に亀裂か――。そんな観測が飛び交ったのはこの4月。テスラの最高経営責任者（CEO）のイーロン・マスク（48）が、ツイッターで「パナソニックのセル供給がモデル3《スリー》増産にとって制約になっている」と異例の投稿をしたためだ。「（パナソニックの）セルの生産ペースが遅い」という不満だ。

両社は、米ネバダ州で共同運営する車載電池工場「ギガファクトリー1《ワン》」で、主力

EVの「モデル3」向けの電池を生産する。パナソニックが、「セル」と呼ばれる乾電池のような見た目の中核部材を作る。これを使ってテスラが完成品のバッテリーパックに仕上げている。「セル、パック、完成車」の生産ペースは、足並みがそろってこなかった。

「血のつながっている家族であれば（こそ）モノが言いやすいのと同じだ」。パナソニック社長の津賀は5月の決算会見で、火種となっていたマスクの発言を笑顔で受け流した。しかしパナソニック側にも不満はたまっている。

パナソニックは、2017年に稼働したギガファクトリー1《ワン》に対し、セルの生産設備に少なくとも約2000億円を投じた。モデル3《スリー》の生産は、当初、17年末に採算ラインとされる週5000台に達するはずだった。しかしテスラ側の生産体制が整わずにずるずると遅れ、ようやく実現したのは18年半ばだった。パナソニックは、設備投資の減価償却《デプリシエイション》が重くのしかかり利益を削られた。

「テスラとの協力関係は揺るぎない」パナソニックは、マスクの不満を解消するため、技術者をネバダに大量派遣したり生産ラインを改良したりしてセルの歩留まりの改善に必死だ。

パナとテスラ、終わったハネムーン

ところが、テスラはパナソニックと距離をおこうとしている、と捉《とら》えられかねない動きを見せる。蓄電技術の開発を手がける米マクスウェル・テクノロジーズ社の買収だ。マクスウェルは、大量の電気を溜める「ウルトラキャパシタ」の技術に長じる。このため、テスラが（自力で）次世代電池の開発を目指すのではないか、との見方が浮上した。「マクスウェル買収はかなり戦略的なものだ」 6月に開いたテスラの株主総会で、マスクは思わせぶりに語った。

テスラの真意は何か。「確かにテスラは、当初から自社で車載電池を開発、生産することを目指してきた」 パナソニックのある幹部はこう打ち明ける。テスラは明らかにしていないが、電池の試験的な生産ラインを持ち実験を重ねているもよう。本当にテスラが独力で車載電池の開発・生産に踏み切れば、パナソニックとの関係に影響しかねない。テスラとパナソニックの〝ハネムーン〟は終わり、すでに両社は共に長引く赤字という現実に直面している。

パナソニックの手がける車載電池は、トヨタなどに供給する「角形《かくがた》」と、テスラに

それでもパナソニックもトヨタもテスラなしでは生きていけない。

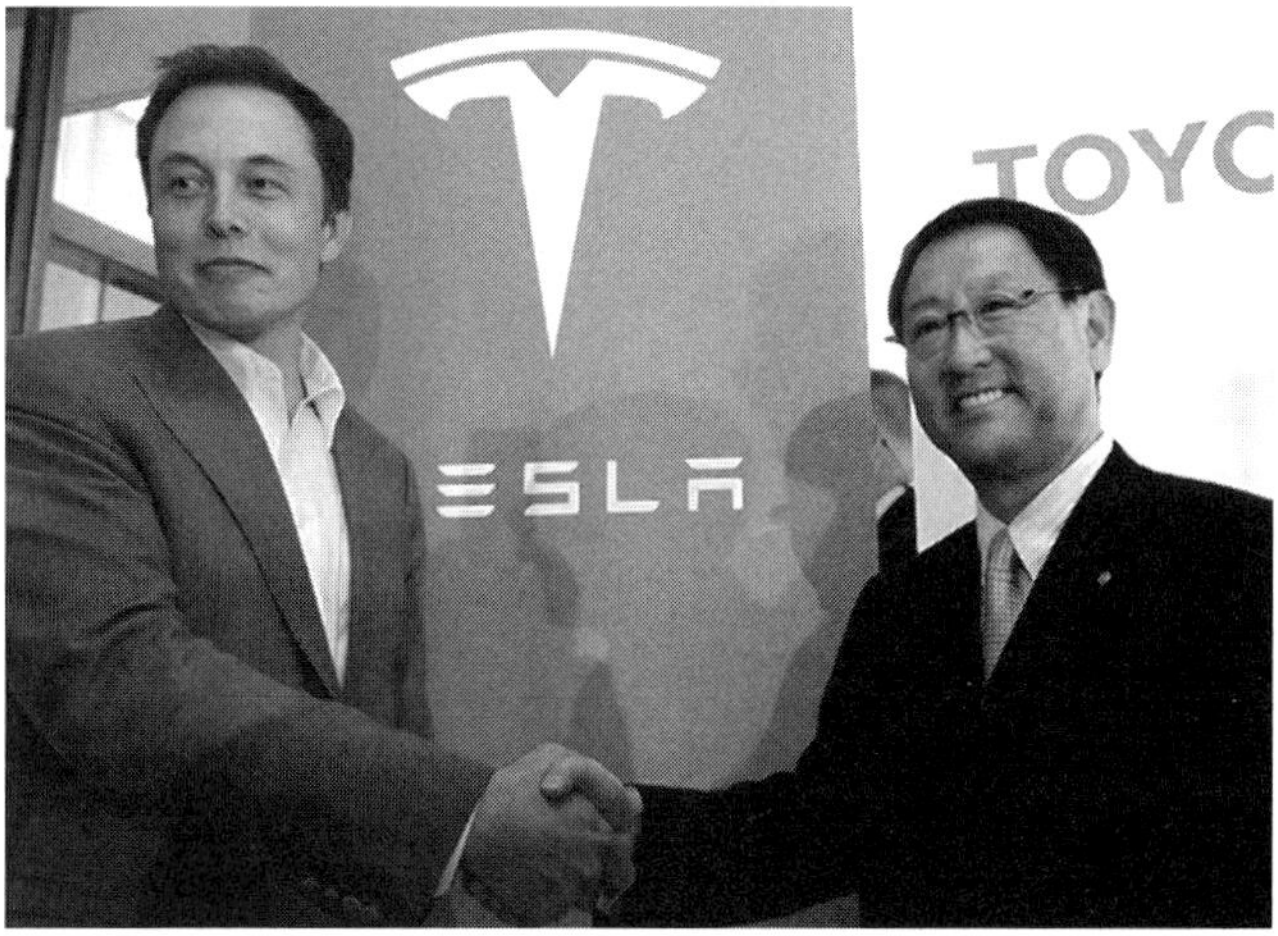

（上）津賀一弘社長。（下）豊田章男と。

供給する「円筒形《えんとうけい》」に大別される。ただ利益にはなかなか結びついていない。2020年3月期は、角形の事業は国内や中国の増産に伴う投資や固定費が膨らみ、100億円を超える営業赤字の見通し。円筒形も「なんとか白字化（収支を均衡）したい」（幹部）状況だ。これまで安定した利益を生み出してきた家電などの事業環境が厳しくなる中で、パナソニックが車載電池に注げる余力は乏しくなっている。

（2019年8月27日　日本経済新聞傍点引用者）

このように日経新聞の記事を長々と引用した。ここで大事なことは、日本を代表する大企業のトヨタとパナソニックが、イーロン・マスクのテスラモーターズに頭が上がらないという事実だ。マスクから冷たくあしらわれて、「仕事が遅い」とか言われる。真実はマスクの方が悪いのだが。

それでも〝時代の寵児〟であるマスクにパナソニックは文句が言えない。なぜなら、マスクの腕の下に守られるようにして、トヨタもパナも中国で商売をしなければいけないからだ。

いくら〝暴れん坊将軍〟のトランプでも、イーロン・マスクとは喧嘩できない。マスク

世界時価総額ランキング
（2019年9月末時点）

順位	企業名	時価総額（10億ドル）	国籍
1	マイクロソフト	1,061.55	アメリカ
2	アップル	1,012.16	アメリカ
3	アマゾン・ドット・コム	858.678	アメリカ
4	アルファベット	845.993	アメリカ
5	バークシャー・ハサウェイ	509.73	アメリカ
6	フェイスブック	508.053	アメリカ
7	アリババ・グループ・ホールディング	432.634	中国
8	テンセント・ホールディングス	407.753	中国
9	JPモルガン・チェース	376.312	アメリカ
10	ジョンソン&ジョンソン	341.455	アメリカ
16	中国工商銀行	277.932	中国
19	サムスン電子	272.147	韓国
24	中国建設銀行	246.045	中国
26	台湾・セミコンダクター・マニュファクチャリング（TSMC）	241.049	台湾
27	中国平安保険	235.176	中国
30	インテル	228.278	アメリカ
42	トヨタ自動車	191.689	日本
45	中国農業銀行	174.382	中国
47	チャイナ・モバイル	169.439	香港

は敵も多いし、憎まれ者である。それでもアメリカ帝国のド真ん中でEV作りや、宇宙ロケット打ち上げ（純然たる民間資本で）をやってみせる。だから、マスク（南アフリカで育った）が、いくら中国（王岐山）に頼って、資金支援を受けて辛《から》くも生き延びた、とは言え、世界を舞台に大風呂敷を広げるマスクをトランプは叩《たた》けない。マスクは今や、中国にとっての「トランプ攻撃の秘密兵器」なのである。

トランプも、この王岐山戦略の恐ろしさをよく分かっている。王岐山の後ろには、キッシンジャーがついている（P181の写真、参照）。だから、日本のトヨタもパナも、マスクに守ってもらうようにして中国ビジネスをやるのだ。このことを日本人はしっかり理解すべきだ。

マスクは、つい最近（11月13日）、ドイツのベルリンの郊外に、テスラのEV1《ワン》場を作ると発表した。2年で（2022年に）生産を開始する、という。

第6章

アフリカと中央アジアに広がるチャイナネットワーク

アフリカの一帯一路戦略

中国の「一帯一路」戦略によって、全アフリカ54カ国に対して、中国は計画的に着々と経済進出している。54カ国のうち1カ国だけが台湾支援だ。あとは全て中国と国交を結んだ。次ページに載せたタンザニア・アンゴラ鉄道のように、中国はほとんど無償援助の形で道路や鉄道や港湾を建設し資金を出している。

中国のアフリカ進出に対して、あとに載せる新聞記事のとおり、日本主催のＴＩＣＡＤ《ティカド》の会議で、日本に招かれたアフリカ諸国の大統領たちのうちの数人が、「わが国は中国に騙された。借款《しゃっかん》（開発費用の融資）の支払いは、あとでゆっくり返してくれればいい、と中国は言っていたのに、それは嘘だった」「中国は借金を返せない場合は、その見返りとしてわが国の鉱山の権利や、港湾の使用権を要求してきた」と発言した。

これを、「中国による債務の罠」問題、英語では Chinese trap of ensnared debts 「チャイニーズ・トラップ・オブ・エンスニアード・デット」という。ＴＩＣＡＤ《ティカド》は、日本が主導してアフリカ諸国に開発援助をするための国際組織だ。本当は、アメリカが、日本に

アフリカ諸国に進出する中国の大きな力。ヨーロッパによる植民地支配は終わった。

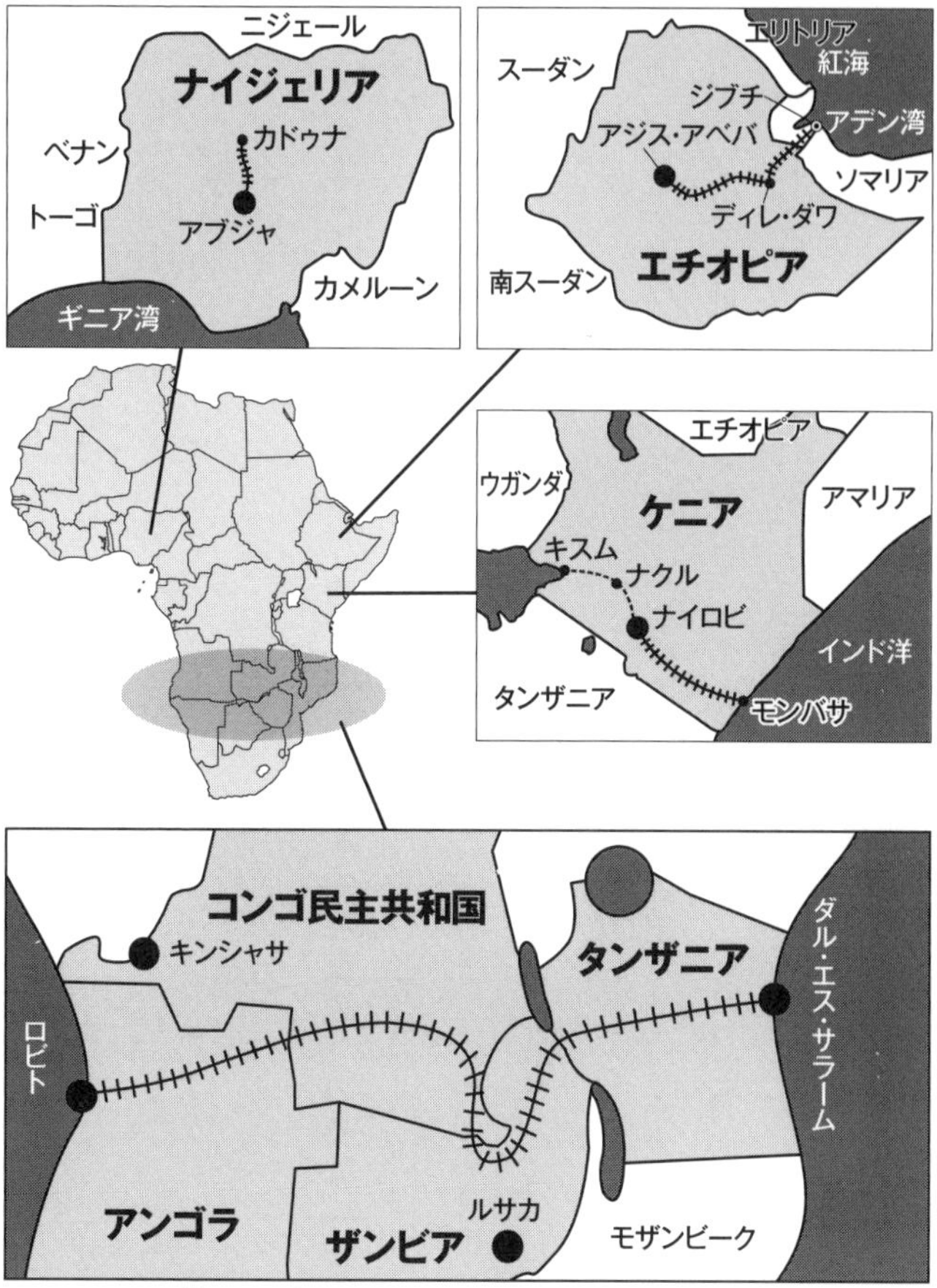

アフリカで着々と進められる中国による鉄道の建設。アフリカ諸国は鉄道がどんどんできて喜んでいる。中国人労働者（生産兵団）はここで死ぬ。

「お前がやれ」と命令して出来た国際会議である。

アメリカは、アフリカへの援助はしたくない。何故なら、アフリカは白人の先輩格であるヨーロッパのもの（旧植民地）だからだ。アメリカはヨーロッパに遠慮してアフリカ側には、なるべく口を出さない。

「TICAD開催もアフリカで薄れる日本の存在感、カギは「脱自前」」

第7回アフリカ開発会議（TICAD7）が、8月30日まで横浜市（引用者注。パシフィコ横浜国際会議場）で開催された。民間主導によるアフリカの成長のために、諸外国に先駆けて（日本で）1993年に始まった会議で、近年は、3年ごとに開かれている。

6年前（日本で開催した第5回）に比べて、倍近い人出だ。「日本企業はアフリカのビジネスに大きな可能性を見つけている」安倍首相は、8月29日のビジネス・フォーラムで、日本のアフリカに対する「熱気」を強調した。

今回のTICADは、商社や電機など日本の156社、団体がアフリカで手がける事業を紹介した。また、アフリカ発のスタートアップ10社のピッチ・イベント（投資家に売り込む事業案の発表会）や、医療や農業分野の先端技術でアフリカ進出を目指す日本の中小企業8社のプレゼンテーションも行われた。

ただ、会議の熱気とは裏腹に「日本のアフリカ・ビジネスは低調と言わざるを得ない」（日本貿易振興機構＝ジェトロ＝の佐々木伸彦理事長）のが実情だ。主要国のアフリカへの直接投資残高（２０１７年末）は、フランスが６４０億ドルで1位。2位以下もオランダ、米国、英国と欧米勢が続く。アフリカで存在感を高める中国は5位。13年末から約7割増えて（直接投資残高は）４３０億ドルに達した。日本は、約3割減の78億ドルで10位以内に入らない「圏外」だ。

アフリカ向け輸出では、中国の強さが際立つ。２０１８年の輸出額、７１１億ドルで主要国でトップ。08年比（10年間）で、49・3％も増えた。携帯電話や通信インフラを果敢に売り込んだ成果だ。

「日本は電機産業の衰退が大きい」と分析する。１９７０～80年代は、日本から家電をアフリカに送り込んでいた。だが業績低迷で余裕を失った。「自動車一本足打法になっていることで、日本のアフリカでのプレゼンスが減退しているのは間違いない」とジェトロ幹部は言う。

日本は巻き返せるのか。成功のためのキーワードになりそうなのが「第3国連携」だ。
（2019年9月2日　日経ビジネス誌）

これでアフリカを巡る世界からの投資と開発援助の全体像が分かる。

日本は、この25年間うち続く不況（1994年から）で国力がすっかり低下している。大企業の輸出力も落ちた。その間に、中国が巨大な成長を続けた。中国は、2010年（10年前）にGDPで日本を追い抜いた（P165のグラフ参照）。日本は第3位（GDPで5・2兆ドル。570兆円）に落ちた。

このあと中国は、アフリカへの開発援助を強めた。アフリカ中部のタンザニア、モザンビーク、ザンビア、アンゴラへの鉄道建設が中心である（P205の地図）。アフリカ連合（AU《エイユー》、African《アフリカン》 Union《ユニオン》）の本部があるケニアのナイロビには、中国が建設してくれたAUの立派な高層ビルが建っている。ナイロビやエチオピアのアジスアベバなどには、中国の電機会社が進出して、テレビや冷蔵庫などの白モノ家電の巨大工場が動いている。アフリカ諸国をこの100年間に渡って植民地支配した旧宗主国《そうしゅこく》（コロニアル・マスター）のヨーロッパ主要国（イギリス、フランス、スペイン、ベルギー、イタリア）が、憎しみ

世界戦略の一環として、アフリカの国々を巧みに手なづける習近平。アフリカも中国のやり方を嫌っていない。資源と開発のバーター取引だ。

2018年9月4日、「中国・アフリカ協力フォーラム」(FOCAC)《フォーカク》でラマポーザ南アフリカ大統領(左)、セネガルのサル大統領と並ぶ習近平。アフリカ諸国54カ国の面倒を見れるのは、もはや中国しかない。アフリカに植民地支配で悪いことをし過ぎたヨーロッパ人は、もう黙った。

を込めて煽動して中国の悪口を盛んに言っている。だが、論調は大きく変わった。アフリカ人たちは総《そう》じて中国の大きな開発支援に感謝している。

ただ、アフリカ諸国が計画的に中国の債務奴隷《さいむどれい》となっているという説がある。債務奴隷（デット・スレイブ）とは、借金を返せなくなった人（や国）が、奴隷として売られた制度である。ヨーロッパ近代《モダン》の1800年代からは、借金が返せなくなって破産した経営者たちは、借金が返せなくなったので、裁判所から破産宣告の判決を受ける。このあと、首に「私は破産者です」という板をぶら下げて、市役所（シティホール）の前に何時間か立たされて恥をかかされる制度に変わった。

このチャイニーズ・トラップ（中国の罠《わな》）論は、ペンス副大統領の10月24日の反《はん》中国演説でも強調された。だが、私の考えでは、それでもなおアフリカ諸国は、中国からの開発援助と、技術支援を強く望んでいる。中国は2000年に、FOCAC《フォーカク》「中国・アフリカ協力フォーラム」を作った。53カ国が参加している。5年間で1000億ドル（10兆円）を出した。日本のTICAD《ティカド》（Tokyo International Conference on African Development）は、これにぶつけるために作られたのだ。

借款《しゃっかん》（国家間の融資）に、債務不履行《デフォールト》の際の条項が付いているのは当然である。私は中国がアフリカや南米諸国をいじめようと考えているとは思わない。それぞれの国の指導者、権力者たちは、独裁者であっても何が何でも自国を豊かにして、国民にきちんとご飯を食べさせたい。それが外国の力によってしかできないのであれば、それもやむをえない。「中国による債務の罠」が、最初に騒がれたのは、2016年4月、ギリシャの首都アテネ郊外のピレウス港の租借《そしゃく》の際である。ピレウス港は古代アテネの海への重要な港である。中国がギリシャから買い取ったのは、ピレウス港の「管理運営権」である。これはPA（ポート・オーソリティー、port authority）といい、港湾を運営する権利一切を含んでいる。このPAから運営利益が出る場合もある。ニューヨークや横浜や神戸も、このPAが売り買いされる対象となる。

ピレウス港の場合のPAは、30億ドル（3300億円）であった。この租借権の期限は35年である。この30億ドルでギリシャ政府が港を取り上げられて、そこが中国の植民地《コロニー》になったと考えるのは間違っている。大英帝国が世界を支配した時から、このPAの制度は出来て、通用している。かつての香港やシンガポールの租界《そかい》（concession、コンセッション）のような、強制的に奪い取って100年間植民地（コロニー）にする制度ではない。

ふたつ目に騒がれた港は、スリランカのハンバントタ港である。スリランカ内の勢力（政権）争いで、親《しん》中国派と親米反《はん》中派が今も政権の取り合いで争っている。この2つの国内勢力の対立が、世界中の小さな国々で必ず起きるようになった。この動きはヨーロッパＥＵ（28カ国）の小国で見られるようになった。日本も似たようなものだ。反中国と親《しん》中国の国論がぶつかるようになっている。

たとえば、チェコのゼマン大統領は、中国に招かれても、苦虫を噛み潰したような顔をしていた。しかしチェコのような人口７００万くらいの小国の場合、中国が原発２基（各々《おのおの》出力１００万ワット）を作ってくれれば、それで一国《いっこく》の電力問題は解決だ。

原発1基あたり40億ドル（４０００億円）である。中国製の「華龍《かりゅう》１号」という高性能の原発である。その代わりに、チェコは自分の国を、中国が一帯一路の鉄道を引く敷地と権利を与えた。これも、中国がほとんどお金を出して引かれる新しい高速鉄道だから、チェコ国民に損はない。チェコからドイツに「一帯一路」は伸びてゆく。

何と、大国であるはずのイギリスとフランスも、今や中国製の「華龍1号」の原発を中国に作ってもらわないと済まない状況になった。信じられないような話だ。「華龍1号」は元々は、フランスの原発メーカーのアレヴァ（現在、破綻中）の技術を学んで作られたものだ。英と仏までが、財政困難と、国内の技術力不足で、建設工事がストップしており、い、原発まで作ってもらうというのだ。日本の日立はさっさと撤退した。音頭《おんど》を取った安倍首相がテレーザ・メイ前英首相の横で死んだような顔をしていた。

チェコのゼマン大統領は、他の国々の指導者から「中国の力にいち早く屈服したヨーロッパの指導者」と軽蔑されるのがいやだ。だから、思いっきり不愉快な顔をするしかないのである。だが、内心は、国家指導者として大喜びのはずなのである。

こういう見方と情報は、日本国内にほとんど伝わらないようになっている。とにかく中国の悪口を書くことが自分の信念だ、と。客観報道を心がけなければならないはずの新聞記者たちまでが、偏向《へんこう》した報道をしている。これが今の世界でいろんな国で進行している事態だ。そんな妨害をものともせずに中国の旺盛な世界進出は着々と前進している。みんな、このことをひしひしと感じている。

次の世界の中心は中央アジアになる

中央アジアと言われても、日本人には縁がなくてよく分からない。中央アジアは5カ国ある。北から1．カザフスタン、2．キルギス、3．ウズベキスタン、4．トルクメニスタン。5．タジキスタンだ。

私は1．のカザフスタンという国が、これからユーラシアが栄える時代に、世界の中心になると考える。この国のアルマトゥに新しい世界銀行ができるだろう。中露とこの5カ国で上海協力機構ＳＣＯ《エスシーオウ》という、国際組織も作られた（2001年設立）。

このうち4．のトルクメニスタンが、ロシアのいうことを聞かない。なぜならカスピ海から出る石油をロシアが高い値段で買ってくれないからだ。地中海に面した、トルコのジェイハン港というところまで石油を運んで、ヨーロッパに輸出してきた。

今は天然ガスの時代となった。ロシアのプーチンが、現在も世界の天然ガスの価格支配力を握っている。西側同盟《ザ・ウエスト》（欧米資本主義国）は次に、トルコを通るトルクメニスタンからの天然ガスのパイプライン計画（ナブッコ計画）によって、トルコのエルドアン大統領を西側に取り込むことで、カスピ海沿岸帯で出る天然ガスの価格支配力をプーチンから奪ったら、本当にロシアは窮地に陥る。プーチンの首を締め殺そうとした。

だが、エルドアンは西側同盟諸国のいうことを聞かなかった。それで、トルコ空軍の一部が、アメリカからの教唆と支援で戦闘ヘリ部隊で急襲して、エルドアンを殺そうとした。だが、直前にプーチンが察知して電話して、「エルドアン、殺されるぞ。逃げろ」と伝えた。

ユーラシア大陸の中心、中央アジア5カ国が次の世界の中心になる。

アルマトゥの
町並み

1カザフスタン、2キルギス、3ウズベキスタン、4トルクメニスタン、5タジキスタンは、ロシア、中国と共にSCO（上海協力機構）を作った。
SCOはユーラシアの集団安全保障体制に成長してゆく。
アルマトゥにやがて新しい世界銀行ができるだろう。

エルドアン大統領は間一髪《かんいっぱつ》でイスタンブールに逃れた（2016年7月15日）。この暗殺とクーデター事件があったので、エルドアンは腹の底からプーチンに付いた。

今はロシア産の天然ガスが、海底パイプラインで黒海沿岸のトルコやブルガリアを通って、西側諸国に運ばれている。ナブッコ計画は失敗した。中国もロシアから天然ガスを買っている。半分はサハリン（旧樺太）からの天然ガスである。もうひとつはバイカル湖周辺のヤクーツク・ガス田《でん》からのパイプラインで、中国まで引いている。

本当は、日本はサハリンの天然ガスを、宗谷海峡の浅い海底に、パイプラインを通して、日本に持ってくるべきなのだ。実はもう、48年前（1971年）の田中角栄首相時代から、このサハリンの石油と天然ガスを日本が買う計画があった。そのためのパイプラインが着々と九州まで引かれている。

それが北方領土返還問題が頓挫して、日ソ平和条約（戦争終結条約である。講和条約）が結べなかった。プーチンは、安倍晋三に騙されなかった。プーチンはそんな柔《やわ》な玉《たま》ではない。逆に、世耕弘成《せこうひろしげ》経産大臣が騙された。ロシアの北極海にあるヤマル半島のガス田を、ベーリング海峡経由でぐるっと、北極海航路《ノースポール・シールート》で日本に持ってくる経済協力（3000億円）だけが、一人歩きした。北方領土問題抜きで、ロシアに騙されたのである。世耕はク

サハリンからパイプラインを引いて天然ガスを輸入すれば、安上がりだ。安倍政権も実現したいが、アメリカがやらせない。

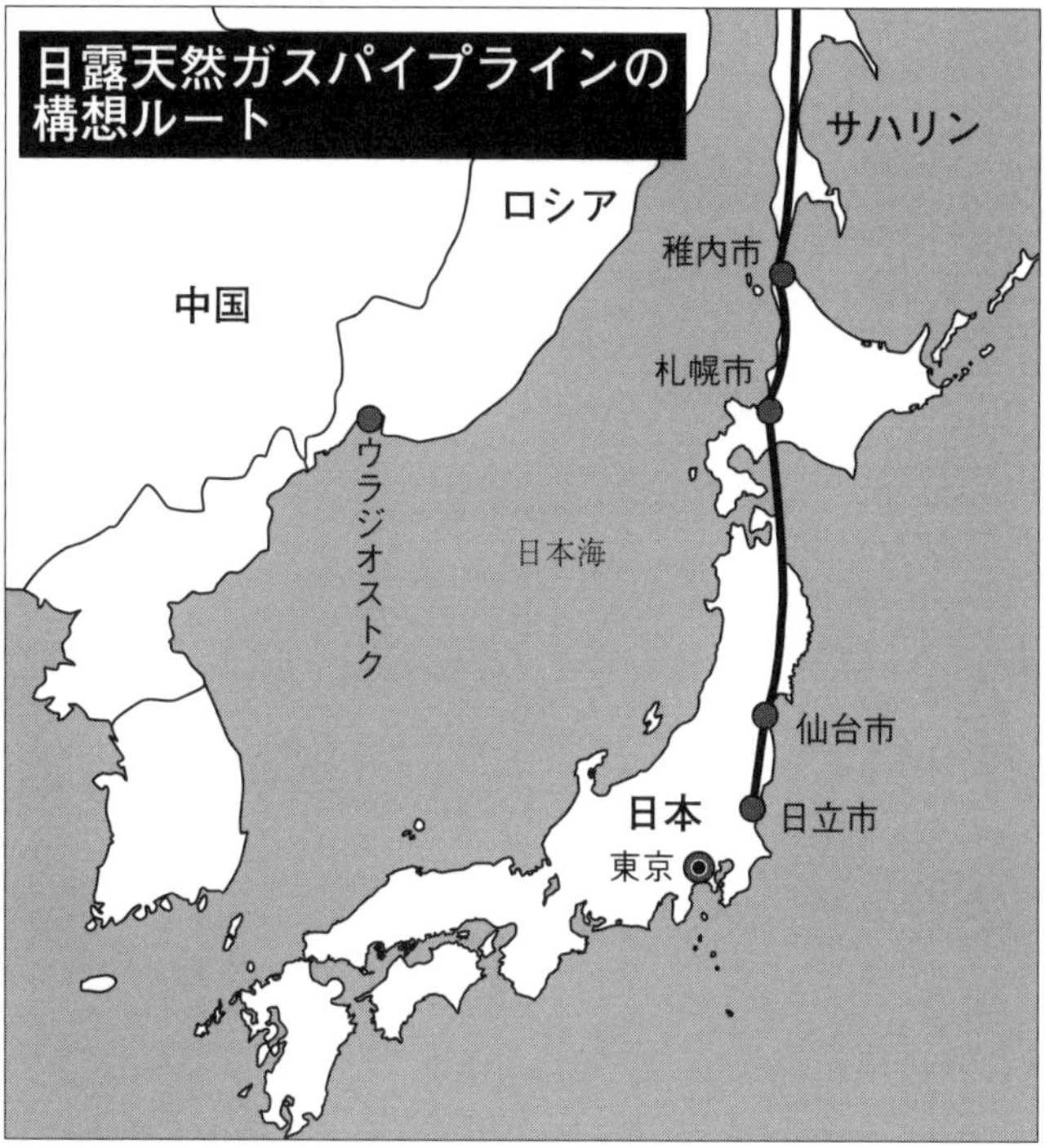

自民党の河村建夫らが2014年に公表した天然ガスパイプラインの構想。首相補佐官の今井尚哉（経産官僚あがり）が、不思議なことに親《しん》中、親《しん》ロ路線である。

ビになっても、安倍は知らん顔している。

本当は、アメリカが邪魔をするから、日本はロシアのサハリンの天然ガスを日本は買えない。平和条約も結べない。アメリカは、その日本にアメリカ産の天然ガスを買え、と命令する。ロクに稼働しないアメリカ産の天然ガスの積出し港を日本の商社に作らせた。天然ガスを冷凍船で無理やり買わされている。採算無視の大損のビジネスだ。

日本の4大商社は天然ガスを液化して船で運んでくる。本当はサハリンからパイプラインで持ってくれば、コストは3分の1で済むのだ。ガスを冷凍して、日本で再び溶かすという手間な作業もしなくていい。パイプラインならそのまま使える。このこともタブーになっていて、日本国内では産業界で言ってはならないことになっている。アメリカのやることはキタナい。

前述したように田中角栄時代から、ロシアからのパイプライン計画はあった。真の愛国者である田中角栄が失脚させられた。それは角栄が勝手に中国に行ったことの他に、このサハリンの石油、天然ガス輸入問題があったのだ。

サハリン（旧樺太）の石油は、もっと歴史が古くて、1918年シベリア出兵のとき以来、日本軍はウラジオストクの他にサハリンに駐留した。そこの石油を確保しようとした。

日本軍はサハリンからはなかなか撤退しようとしなかった。アメリカはこのことを強く疑った。それで、日本人移民《いみん》排斥運動（1924年5月）が起きたのである。

中国はアメリカからアフガンを任された

日本人の多くは、カザフスタンとアフガニスタンの区別もつかないと思う。アフガニスタン戦争がずっとあったので、こっちの名前は知っている。米軍がまだ1万3000人いる。トランプはなんとか全員この米軍を引き揚げさせたい。だからタリバンと裏で話をつけたいと考えている。

タリバンを作ったのは、パキスタン軍の情報部である。だからパキスタン政府と話をつけなければならない。パキスタン政府はアメリカだけでなく、中国とも仲がいい。奇抜だが、アフガニスタン問題に関して、トランプは、中国に自分たちの肩代わりを望んでいる。シリアでも同じだ。このことを習近平に頼んだ。

習近平は、だから、パキスタン政府を通じてタリバンの幹部たちと交渉している。アフガニスタン人は、ロシアが大嫌いだ。「1978年のソ連によるアフガニスタン侵略戦争」

があったからだ。あのときは、世界戦略家《ワールド・ストラテジスト》のズグビニュー・ブレジンスキーが、「アフガンをロシア人のベトナム（墓場）にしてやる」と言い放った。

あのとき、イスラーム教世界全てにとっての国際義勇軍として作られたのが、アルカイーダである。アルカイーダは、国際軍事条約（ジュネーブ4条約《コンベンション》）にもとづく義勇軍（ボランティア・アーミー）として国連に届けを出している。オサマ・ビン・ラディンがそのときのアラブ人イスラーム教徒の義勇軍の司令官だった。

ビン・ラディン家は、サウジ最大の建設会社である。元はイエメン人だ。アフガン戦争では、ブレジンスキーが半ば公然とアルカイーダに、1万丁のスティンガー・ミサイルをただであげた。これでソビエト軍の攻撃用ヘリコプターをアルカイーダの兵士たちが肩に抱えたミサイルで、打ち落とした。ソ連軍はみじめに撤退した。

アフガニスタンは、その後、ネオコン戦略によって、ニューヨーク「9・11」事件（2001年）の同時多発テロ事件、ワールド・トレード・センタービル倒壊事件を契機に、早くも2001年11月には、米軍が侵攻駐留した。つまり「9・11」も全てアメリカ政府によって計画され仕組まれたものなのだ。

ネオコン戦略は、イランのバグダッドとカブールを取ることで、イスラーム世界とアラブ世界を決定的に敗北、屈服させようとした。第2次大戦で日本（人）を完全に敗北させ、以後従順な国民に作り変えた（人種改良した）。このことと同じことをやろうとしたのだ。

このときに、使われたのが、社会生物学（ソシオ・バイオロジー）という恐ろしい学問《サイエンス》である。社会工学（ソシアル・エンジニアリング）とも言う。デモクラタイゼーション（上からの強制的民主化。デモクラシーとは違う）とも言う。これらを、私が日本語で「文明化《か》外科手術」と訳した。ソシアル・エンジニアリングを、社会工学と訳すから意味が分からない。

日本人は、この文明化外科手術を敗戦後、アメリカから受けたのである。アメリカは、2001年から中東アラブ人にもこの外科手術戦略をイラク戦争とアフガニスタン戦争で仕掛けた。2003年3月から2015年まで続いたイラク戦争で、である。だが、アメリカは、このイスラーム教徒とアラブ人の人種改良には失敗した。

だから、その次の段階として、中国が、アフガニスタンにまで勢力進出することになりそうだ。何度も言うがトランプは、「アメリカはもう撤退する。帰るぞ。あとは宜《よろ》しく」主義者（アイソレイショニスト）である。今のアメリカ国民の多くは、「もう外国のことに関わりたくない。アメリカ人は自分の国に帰る」という考えに変わったのだ。だから別の大国である中国に管理権限を譲って撤退したい。このことは、極東《ファーイースト》（東アジア）でも同じだ。だからトランプは在韓米軍を撤退させる。

この大きなアメリカ国民の心境の変化は、日本人にはなかなか分からない。ペンス副大統領たちが、グローバリズム（地球支配《しはい》主義）に固執するので、アメリカ国内の国論が分裂している。

案外、民主党リベラル派の人々のほうが、かえってグローバリズムの立場に立つ。それは「独裁国家《ディクテイターシップ》のかわいそうな民衆を、アメリカの力で助け出すべきだ」という考えとなって、今もこだわっているからだ。これは映画『インディアナ・ジョーンズ　魔宮の伝説』（1984年作）の大魔術師（グランド・マジシャン）の支配を打ち壊して、そこの民衆を救済する、という考えそのものだ。だが、アメリカ人の多くは、もうそれがいやになっちゃった。ちなみに、日本の天皇もアメリカ人からすればこの大魔術師の一種である。

第7章

ディストピア中国の不穏な未来

新疆ウイグル問題の真実

中国は、極東《ファーイースト》の太平洋側を向いている。しかしそれとは反対の、内陸部の広大な新疆ウイグル自治区も領土《テリトリー》であり、ここで目下《もっか》問題を抱えている。

この広大な地域にウイグル人がいる。中国共産党は、ここで、今にもイスラーム教徒の大反乱が起きることを、いち早く察知した。

私は2015年4月に調査に行ったアラブ首長国連邦UAE《ユーエイイー》のドバイで、イスラーム寺院で、説教師のお祈りの演説を毎日のように聞いているイスラーム教徒を、ずっと観察した。ある日、そのまま彼らが街頭に出て暴動を起こすことの恐ろしさを、まざまざと感じ取った。この感じは、世界中のイスラーム諸国のどこにでも有る。

そうなると、宗教指導者ではないスルターン（王）と、世俗の政治家たちは震え上がる。

中国は、だから、ウイグル人を100万人単位で、現在、強制学習改造所に順番に送り込んでいる。そしてウイグル人のイスラーム寺院の一部は閉鎖してしまった。これが現在のウイグル人弾圧問題である。

ウイグルの強制収容所に入れられたウイグル人たち。一番有名な写真。反政府暴動を起こそうとする人々を拘束することは、どの国も行っている。

100万人のウイグル人が順番に収容所に入れられているという。ウイグル人の人口は1200万人。活動家たちはトルコに逃げている。

私は、10年前の2009年7月に、中心都市ウルムチ（烏魯木斉）で起きたウイグル人の暴動の様子を調査して回った。中国の武警《ぶけい》（武装警察）と公安警察の車が2台一組で、ウルムチの各所に配備されているだけだった。ウイグル人たちの顔を見ているだけで、とても質問することはできなかった。みな悲しそうな無口の表情だった。それ以前は、バザール（市場）の広場でウイグル人たちは楽しく踊っていたという。

「中国の都市、進む監視社会　カメラ設置率上位独占　英社調査」

世界120都市の防犯・監視カメラの設置状況について、英国の調査会社コンパリテックが調べたところ、住民千人当たりのカメラ設置台数（設置率）が多い上位10都市のうち中国が8都市を占めた。現在約2億台ある中国の監視カメラが、2022年までに6億2600万台へ大幅に増加するとの推計も示した。監視社会が進む実態を指摘した。

同社の報告書によると、監視カメラの設置率が最も高い都市は、中国の重慶《じゅうけい》で、千人当たり168台に上った。2位は深圳《しんせん》（千人当たり159台）、3位上海（113台）、4位天津《てんしん》（92台）、5位済南《さいなん》（73台）と続いた。6位にロンドン（68台）が入っ

監視カメラの数は、中国を先頭に世界で増えていく。それがディストピアに向かう世界だ。

監視カメラ台数　世界都市　Top20

出所：Comparitech

順位	都市	国	人口1000人あたりのカメラ台数（台）	人口1000人あたりのカメラ台数（台）	人口（人）
1	重慶	中国	168.03	2,579,890	15,354,067
2	深圳	中国	159.09	1,929,600	12,128,721
3	上海	中国	113.46	2,985,984	26,317,104
4	天津	中国	92.87	1,244,160	13,396,402
5	済南	中国	73.82	540,463	7,321,200
6	ロンドン	イギリス	68.40	627,707	9,176,530
7	武漢	中国	60.49	500,000	8,266,273
8	広州	中国	52.75	684,000	12,967,862
9	北京	中国	39.93	800,000	20,035,455
10	アトランタ	アメリカ	15.56	7,800	501,178
11	シンガポール	シンガポール	15.25	86,000	5,638,676
12	アブダビ	UAE	13.77	20,000	1,452,057
13	シカゴ	アメリカ	13.06	35,000	2,679,044
14	ウルムチ	中国	12.4	43,394	3,500,000
15	シドニー	オーストラリア	12.35	60,000	4,859,432
16	バグダッド	イラク	12.30	120,000	9,760,000
17	ドバイ	UAE	12.14	35,000	2,883,079
18	モスクワ	ロシア	11.70	146,000	12,476,171
19	ベルリン	ドイツ	11.18	39,765	3,556,792
20	ニューデリ	インド	9.62	179,000	18,600,000

た。7位は武漢（60台）、8位広州《こうしゅう》（52台）、9位北京（39台）と、中国の都市が上位をほぼ独占した。10位は米アトランタ（15台）だった。

少数民族ウイグル族への抑圧政策の一環として、多数のハイテク街頭カメラによる監視が指摘される中国新疆ウイグル自治区のウルムチは、千人当たり12台で14位だった。公表された上位50都市に日本の都市は含まれなかった。

カメラの増設には治安対策や犯罪抑止効果が期待される。だが、報告書は犯罪発生などの指標を分析した結果、「カメラの台数と安全性の相関関係は弱い」と強調した。「カメラが増えても、人が必ずしも安全に感じるとは限らない」としている。

（2019年8月24日　西日本新聞）

大都市ウルムチには、ウイグル人は2割くらいしかいない。もっとずっと西域《さいいき》の都市カシュガルではウイグル人が8割くらいいる。その南の方にクンジュラブ峠があって、そこがパキスタンとつながっている。

私はウイグル人たちの組織の背後に、イスラエルの力が働いていると現地で感じた。ガイドの友人として知り合った公安警察の人間がそうだと言った（私を監視するために近寄

弾圧されたウイグル人の宗教指導者とジャーナリストや教育者たち。

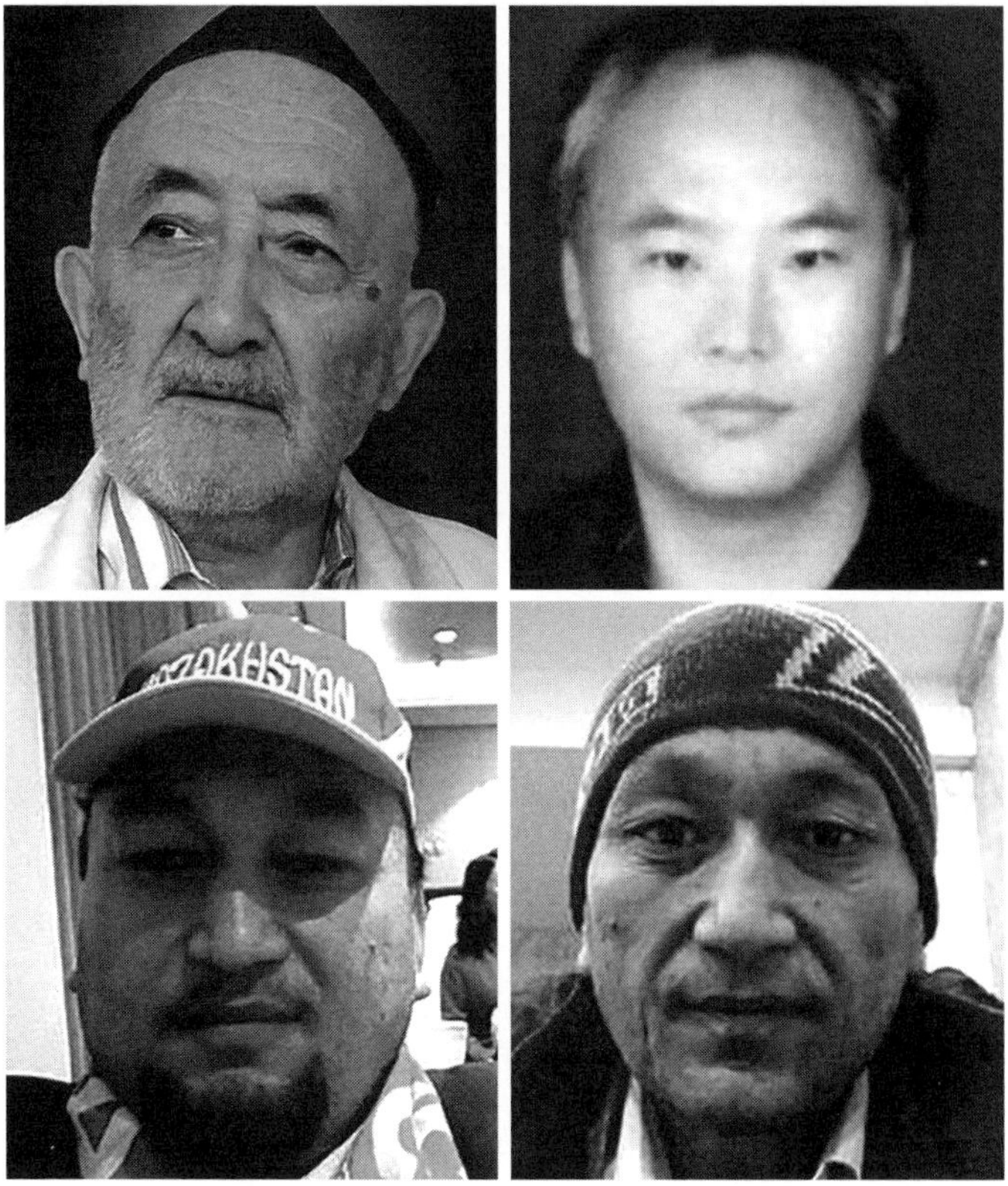

右上は漢人でキリスト教徒だがウイグル政策を批判して収容された張《ちょう》海《かい》濤《とう》。左上は著名なウイグル人イスラム学者ムハンマド・サリヒ師。2017年12月に強制連行され、翌年1月収容所で死亡した。カザフスタンの旅行会社員オムルベク・アリは、収容前（下左）と後（下右）で40kgも体重が減った。

って来たわけではない)。なぜなら、2007年6月に、中国指導部は、イスラエルとの縁を切った。「中国は今後は、世界中に17億人いるイスラーム教徒と手を組む」と、決断してイスラエルと手を切ったのだ。

イスラエルが激しく怒ったことは想像できる。それまでは、イスラエル情報部(モサド)は、アメリカの核兵器製造工場から盗み出した設計図や部品を、秘密で中国国家情報部に安値で売っていた。中国とイスラエルは裏でつながっていた。

サウジアラビアのサウド王家が信仰している、ワッハーブ派(ワハービア)という、暴力的な過激なイスラム主義も背景にある。ここがウイグル人たちの資金源になっている。このことを私は、カザフスタンの調査で知った。ウイグル人たちは、オスマン・トルコ帝国の800年の伝統を慕って、「ウンマー・イスラミヤ」(イスラム共同体。イスラム帝国だ)の復興を考えている。ウイグル人は自分たちもトルコ系の人種であると確信している。ウイグル語は今のトルコ語となんとか通じるそうである。

ウイグル人の亡命活動家たちは多くがトルコに住んでる。トルコ政府(エルドアン大統領)は、中国に対してウイグル人を弾圧するな、という抗議はするけれど、扇動はしない。以下に載せるニューズウィーク誌の水谷尚子女史による文章が、もっとも正確なウイグル

新疆ウイグルでは、激しい政治弾圧が続いている。穏《おだ》やかなイスラム教しか中国政府は認めない。

モスクからはみ出して、ウルムチの路上で祈りを捧げるウイグル人とそれを下に見る中国人。上は和田（ホータン）のモスク。

人弾圧の研究である。

「ウイグル絶望収容所行きとなった著名人たち」
絶望収容所の著名人たち

中国の新疆ウイグル自治区では、2017年から大々的に行われるようになった思想改造目的の強制収容施設での不当な拘束が今も続く。主体民族である漢人以外の人々が社会的地位も収入も一切関係なく何の罪もないのに収監された。ターゲットの大部分はウイグル人だ。収監者数は少なくとも89万人。おそらく実際の総数はそれよりずっと多い。

そしてウイグル人社会に何らかの影響を持つ著名人たちもおしなべて収監されている。彼らは社会的影響力や発信力、経済力を持ち、ウイグル人が生きていく上での手本となった人物ばかりだ。

著名人や文化人であっても、収容所では朝から晩まで中国語でプロパガンダ歌謡を歌わされるなど、民族としてのアイデンティティを破壊するための「教育」が行われている。施設外に残された人々も、中国共産党と習近平国家主席を礼賛する文化大革

ディストピア中国を象徴する監視カメラは、新疆ウイグル自治区にも張り巡らされている。

今は2億台だが、2022年までに中国全土で6億台を超える。

命の時代と変わらない政治学習が地域単位で強要されている。

中国によるウイグル文化破壊がどれだけ深刻か。強制収容が確認された、あるいは行方知れずになった著名ウイグル人の顔ぶれが、それを物語っている。

（2018年6月15日　ニューズウィーク誌）


おそらく現在でも、この水谷報告文以上の優れた「ウイグル人弾圧調査」の文章は存在しない。この本では、冒頭しか引用しない。水谷報告に基づいて、私たちはウイグル問題を議論すべきだ。あとは英国BBCの報道番組が現地調査して、中国政府にイヤがられながら収容所に突撃取材している。さすがBBCである。

それ以外のウイグル弾圧ものの記事や評論文は、日本人の専門家たちのものを含めて、伝聞《でんぶん》のまた聞きである。「中共《ちゅうきょう》（中国共産党）のやることはヒドイ、ヒドイ」と反共《はんきょう》プロパガンダで書いている。それではあなたたち自身は、そんなに正義の人なのか。アメリカ帝国のやっていることがそんなに正義か。本当にアメリカは自由の国なのか。自分自身を疑うべきだ。両方を厳しく批判しなければいけない。

現在、100万人のウイグル人が思想（宗教）改造のための教育施設に収容されている。

この中国の、伝統のある思想改造所（ideological《イデオロジカル》 rehabilitation《リハビリテイション》 center《センター》）は、明らかに強制収容所（concentration《コンセントレイション》 camp《キャンプ》）である。

　この強制的教育改善施設に入れられたウイグル人たちは、反抗的でない者と判断された者たちは、半年ぐらいで、どんどん出所している。２０１７年から始まって、この施設で死んだ宗教指導者や独立運動家（東トルキスタン国を名乗る）も多い。

　いま、アフガニスタンまで中国の力が伸びている。その西側である中東のイラン、イラク、シリア、トルコは、今や大きくはロシア帝国のプーチン皇帝の勢力下に入った。しかしロシアより中国のほうが強くて大きい。アメリカ帝国を打ち倒すまで（あと5年だろう）は、ロシア帝国は中国帝国と組んで連携する。このことを中心にして現在の世界は動いている。そしてユーラシア中心の時代が来る。

　どうして、こういう大きな見方が日本人はできないのだろう。私はひとりでキョトンとしている。このようにして見えてくるのが、新しいユーラシア大陸（ヨーロッパとアジア）の大きな勢力図である。

私は見た、深圳の現実を

前述のように今年（２０１９年）の7月に、私は深圳と香港の調査に行った。深圳は人口１４００万人の大都市になっていた。中国全土から、１０００万人くらいが押し寄せ、ネットカフェに居付いたり、労働者として働いている。

私の実感で分かったことがある。北の旧満州の大都市、ハルビンから老人たちが、お金を出し合って、南の暖かい深圳に高層アパートを買って、寒い冬を過ごすという動きがある。旧満州（東北《ドンベイ》3省）は寒い。冬は零下30℃になる。だから中国人は南の暖かいところに、冬は移動している。この事実をハルビン（哈爾濱）を調査したとき聞いた。

深圳がもっと発展すると、その南の香港は衰退すると、心配されている。だが中国政府としては、珠江《しゅこう》デルタ地帯全体の開発と発展を目指している。だから、香港を痛めつけて本土に取り込む、というようなケチくさい考えはしない。

１９８４年に鄧小平とサッチャーが合意し、50年間（１９９７年の香港返還から２０４７年まで）は、イギリス式の統治体制（これが一国二制度）を続けるということに

ここが中国の秋葉原「華強北《ファーチャンベイ》」だ。1万店舗以上の電気店とパーツ問屋がある。ここにない部品はない。

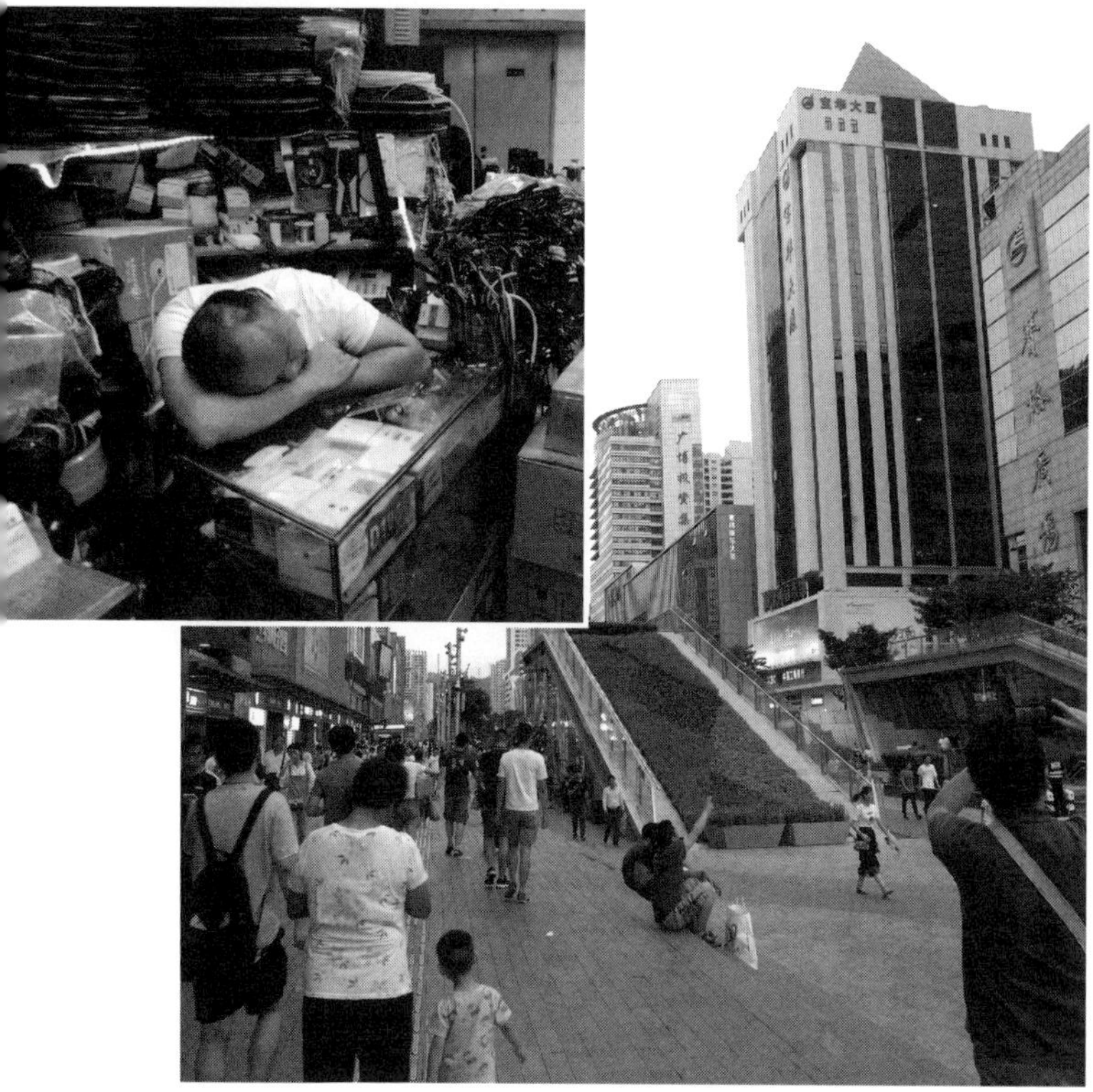

ここに自分のハイテク・アイデアを売り込みに来る若者たちもいる。そのための投資家（ベンチャー・キャピタリスト）がいる。成功すれば金持ちになれる。

（2019年7月28日、著者撮影）

なった。２０４７年まであと28年もある。中国はこの合意を守る。そして金融都市としての香港をこのまま維持する。

マカオ（澳《おう》）にまで通じる。港珠澳《こうしゅうおう》大橋が通った（２０１８年10月）ので、マカオにも新しい株式取引所を作って、資金の分散を図ろうとしている。マカオは、旧ポルトガル領だから、ポルトガルが作ったカジノだけでは生きてゆけない。戦国時代の、キリシタン大名の筆頭《リーダー》の高山右近《うこん》は、１６１４年にマカオに追放されて来て、すぐに死んだ。

華強北と中国のジャイアント・ベイビーたち

深圳は古い町と新しい町の二つから成る。古いほうに全土から流れ込んできた労働者たちの痕跡がある。

古い方に華強北《ファーチャンペイ》という、中国の秋葉原電気街がある。ここに行ってみたら、日本からの観光客など相手にもされない。世界中から来るバイヤーたち相手に、電子部品などをまとめ売りで売っているようだ。この華強北の裏通りの古いビル街に中国のネット、スマホ世代の若者たちが集結しているようだ。

日本より先にオープンした無印良品のMUJI HOTEL。日本企業は、中国に“繊細な文化”を売り込んでゆくしかない。日本文化は中国人に一《いち》目《もく》置かれ、尊敬されている。中国が戦乱で燃やし尽くした古いものを破壊しないで残したからだ。

無印《ムジ》は、創業時は日本の池袋の西武グループだった。無印《ムジ》MUJIは、中国で2010年から爆発的に受け入れられた。今は現地の100%子会社が経営している。北京と深圳のホテルはライセンス経営だ。

この新しい世代の中国人たちが、コンピューター文化とスマホ文化に狂っている様子は、日本の秋葉原文明《あきはばらぶんめい》とまったく同じである。アニメ（動漫《どうまん》）、ゲーム、マンガ、ITソフト、オタクの世界の重要性は、ますます大きくなりつつある。遠藤誉《ほまれ》女史の『中国動漫《どうまん》新人類』（日経BP、2008年刊）という本が、画期的であった。

それでも日本の秋葉原が世界のアニメ、ゲーム、マンガの聖地である。現在、日本の〝秋葉原文明《あきはばらぶんめい》〟（私が名付けた）は、アメリカのハリウッド映画界に人材を奪われていた時代からさらに生き残って、日本独特の最高水準のアニメ、ゲーム作品を作り出している。かえってハリウッドの映画都市のほうが衰退を始めた。

7年前（2012年）に、ハリウッドを山東省の青島《チンタオ》に移そうという計画があった。大連万達《だいれんまんたつ》という新興の不動産業から成り上がった王健林《おうけんりん》（一時期、中国一の資産家）が、ハリウッドの制作者や監督たちを青島に招いて、「私が青島に巨大な映画スタジオを作ります。皆さん、中国で映画を制作してください。制作資金の半分は私が出します」とぶち上げた。スピルバーグ監督や有名俳優たちが、青島に資金を求めてやってきた。

ところがこのあと、トランプ政権から中国政府に苦情が出た。「中国がハリウッドにまで手を出すのは許さない」となった。そのあと、王健林は、何兆円か損失を出して力を失

P37で紹介した深圳のネットカフェの周辺。かつてのIT人足寄せ場「三和人材市場」近くの一角が、ジャイアント・ベイビーたちの巣窟となっている。

この撮影のあと、黒社会の姉御などが突如現れ、「警察を呼ぶぞ」「出てけ」などと騒ぎ立ててきた。危なかった。

った。習近平政権から、「あんまり勝手な動きをして、アメリカを刺激するな」と叱られたのだ。それで、中国企業がアメリカの映画産業や先端映像技術会社を買収する動きは頓挫（停止）した。私は膠州湾《こうしゅう》一帯に広がる青島市《チンタオ》（山東省）も調査して巨大スタジオの跡などを見た。

そのあと、ハリウッドではNetflix（ネットフリックス）が大きく伸びた。ハリウッドの7大スタジオの映画製作の枠から落ちこぼれた作品を、Netflixが安い資金と制作費を出してどんどん作るようになった。それがネット上の映画シリーズものとして、隆盛した。

Netflixは、動画配信型のスマホ文化であるが、今のところはこれを凌駕するだけの映画制作技術は中国にもない。だから、再び深圳がスマホ、アニメ文化の先端地となって、あらゆる種類のネット系作品を、中国独自に変形したユーチューブや、中国製インスタグラムに拡張している。

「ツー・スタンダード（ズ）」といって、グーグルのアンドロイド・ソフトとは別個に、中国のスマホだけで実現する新しいネット文化が出来つつある。だから2つの基準《ツースタンダーズ》として、対立しあう構図だ。だが、ファーウェイの任正非《じんせいひ》会長に言わせると、「グーグルは私たちに大変好意的で協力してくれている」である。

グーグルとしては、トランプ政権からの探索《たんさく》と攻撃をかわすことで必死だ。アメリカ政府が、国家の安全保障を理由として、自分たちが開発する最先端のＩＴ技術の進歩を邪魔するのに対して、隠然と対決している。

だからピーター・ティールという〝PayPal《ペイパル》マフィア〟の親分（彼がスマホ決済の技術を生んだ）が、グーグルのことを名指しで「中国の手先、反《はん》アメリカ的である」という攻撃をしている。ピーター・ティールはリバータリアンを自称しているが、ここまでくると、ジョン・バーチ・ソサエティの反共右翼の思想に忠実であることが判明しつつある。

グーグルは、従業員たちの意思を反映して、アメリカ政府の軍事情報部門に技術協力することを拒否した。それは、エドワード・スノーデンが、命がけでＮＳＡ《エヌエスエイ》（国家安全保障局）のＰＲＩＳＭ《プリズム》という政府による情報収集システムが、違法にアメリカ国民や外国政府の情報を盗み出していることを証明したからである。このプリズムに無理やり協力させられていたのが、アップルやフェイスブックやグーグルであった。

この教訓から、グーグルは政府と距離を置くようになった。民間大企業としての賢い選択である。トランプにはグーグルのこの態度が気に入らない。

この動きは、ファーウェイの任正非の経営判断とよく似ている。

「自分たちは、民間企業だから、先端技術の開発はする。しかし、個人情報を収集し秘密に保存したりする違法なスパイ活動は一切行わない（それは中国政府の仕事だ）」
というルールを築いている。だから、P95で述べた通り、ファーウェイは、一貫して中国政府の命令や指図に従おうとしない。習近平はこのことでファーウェイに対して不愉快だった。しかしファーウェイの主張のほうが筋が通っていることが分かった。だから手出しができない。だから、前述した通り、韓国のサムスンから半導体の最高技術を、密かに自分の子飼いの清華大学紫光《しこう》集団（国有企業）に移して、次世代の半導体を大至急に生産しようとしているのだ。

この背景には、中国のネット若者世代が圧倒的な力で、共産党政権を批判している重要な事実がある。だから若者はファーウェイ社を強く支持した。私たちはこのことを鋭く読み取らなければいけない。P90に引用したように、この事実を解明して、私たちに教えてくれた遠藤誉《ほまれ》女史を高く評価しなければいけない。

〝中国の秋葉原〞である、華強北《ファチャンペイ》の商店街の裏側一帯に、ビル群がある。そこに会社を持つベンチャー・キャピタリストたちの元に、若者たちが集まってくる。新しい画期的なIT技術や、スマホのアプリを開発できる若者たちの頭脳に投資しようとしている。この投資家たちは、孵卵器《ふらんき》（インキュベーター）である。鳥の卵をヒナにし成鳥にする。有能な若者たちはここで自分の才能を売り込む。失敗したら、深圳のIT企業の労働者として、月額4000人民元（6万円）くらいの労働者として生きていくしかない。それ以外のネット中毒《ちゅうどく》人間たちは、華強北の北にある「三和人才市場《さんわじんさいしじょう》」と呼ばれる古いエリアがあって、そこに寄せ集まっている。

ここは朝から晩までネットでゲームとアニメをやっている、中国のジャイアント・ベイビーたちの巣窟になっている。私はここも見に行った。ウロウロしていたら、ここのシマ（縄張り）を支配している暴力団（黒社会）の姉御《あねご》が「お前たち、出てゆけ」とキャーキャー騒いだので危険だと判断して早々に退散した。

中国では、麻薬（アヘン）を買って吸って捕まったら死刑になる。だが、〝ネットゲーム廃人たち〟は大量に生きている。こういう人たちは、日本の秋葉原文明の周辺にもたくさんいるから他人事ではない。

日本の秋葉原文明を、私はとても理解できない。人類の新種の、訳《わけ》の分からないミュータントたちの聖地である。私の息子もそうだからなんとも言えない。私には理解できない。

だがこれが、人類がこれから向かってゆくブレイブ・ニュー・ワールド（恐ろしき未来世界）なのだろう。世界中でおそらく2億人の若い人がネトゲ廃人と化している、そこに人類の新しい展開をみつけることになる。ただ、私にはわからない、付《つ》いてゆけない。

ネット星人たちは、従来型の、高い生産性（高収入）や高級自動車や、世の中の役に立つ人になる、という考え方はみじんもしない。まったくこれまでと違う別の世界が広がっているようである。それは「2次元の世界」と呼ばれる。平面画の漫画の世界だ。彼らは固く決意して、自分たちは2次元の人間だと言い切る。

だから現代物理学（量子力学）と現代数学が行き着いた果ての、5次元、6次元、12次元の世界などという超高級そうな学問を拒否する。超高級数学、物理学の方が、どうも怪しくなってきた。

4次元、5次元までなら私たちも冗談で使ってきた。しかし現代物理学および数学が、12次元などという言葉を真顔で言い出すと、「もういい加減にしろ」と言いたくなる。もう2次元に戻った方がいい。秋葉原文明《あきはばらぶんめい》の2次元理論の方がきっと正しい。彼らはウソつきでない。何十年かかっても、月にすら行けないくせに。どうやら、現代物理学の最高水準は、１９５０年代までの原爆、水爆（核兵器）の開発までだったようだ。そのあと宇宙（アウター・スペイス）のことは、何も解明されていない。宇宙の大きさも、どこが中心なのかも分からない。

ビッグバン（膨張宇宙論）はインチキだ。シンギュラリティ（特異点《とくいてん》）。神の座）という宇宙の中心を言ったくせに、「それはどこに有るのですか」と問うと、それは「どこに有ってもいい」と禅《ぜん》問答のような答えを言う。宇宙物理学（者）は、このシンギュラリティ（神の座だ）と共に死んじゃった。

宇宙にまで飛び出した宇宙ロケットと言ってみたって、人間を乗せてたかが地上から400キロ（国際宇宙ステーションが有る）しか行けない。その外側には、おそらくこのあと500年かけても行けないだろう。反論があるなら言ってみろ。

人類の新しい未来は、日本の秋葉原文明、あるいは深圳の華強北《ファーチャンペイ》、三和人才市場の若者たちが指し示している。彼らはゲーム戦争はするが、本物の戦争はしないだろう。フニャフニャしているから。

だが、あの「e《イー》スポーツ」というのはなあ、あれはいかん。私は、スポーツ商売人、オリンピック、ワールドサッカー、ノーベル賞が全部大キライだ。これらの人類洗脳道具は全て廃止すべきだ。

ドローンの恐るべきパワー

ＤＪＩ《ディージェイアイ》という会社が有る。中国のドローン開発の最先端の企業である。中国のドローンのすごさに、世界中が目をまんまると見開いて驚いている。最近は、人間を空飛ぶタクシー自動車のように運ぶドローンまで、開発されている。日本の自動車会社まで必死で、回転プロペラ式の浮遊飛行体にこだわりだしている。こんなものが本当に出来るのかな。

日本では、ドローンは警察から厳しい取り締まりを受けるから飛ばせない。私たちはＤＪＩの本社までなんとか索し当てて行き着いた。だが、そこはスカイワース（創維《そうい》）という大手のテレビメーカーのビルの一部であった。ＤＪＩの開発部門は、オープンな展示場を世界中にたくさん持っている。日本にも有る。だが、ＤＪＩ社はやはり軍事用開発が主力の企業である。

ドローンの恐ろしさは、アメリカが、アフガニスタンのアルカイダや、シリア、北イラクでの、ＩＳ《アイエス》「イスラム国」との戦争で、ＩＳの指導者たちを、無人の爆撃機「プレデター」で一瞬のうちに爆死させたニューズ映像で、よく知られるようになった。

ドローンの怖さは、従来型の大型兵器（誘導ミサイルの類い）と違って、レーダー網に捕まらないで、低空飛行で目的地まで到達して、爆撃する。2019年9月に、サウジのガワール油田（世界最大規模）の油田地帯を、ドローンが正確に爆撃した。このことで攻撃兵器としての威力が明らかになった。

おそらくイエメンのフーシ派のドローン開発には、中国の技術がイラン経由で深く入り込んでいるはずだ。アメリカの「プレデター」や「グローバル・ホーク」のような無人《アンマンド》偵察攻撃機よりも、ずっと小さい軍事兵器として開発されている。

ところが、歴史を遡ると、ドローンの一番初期の技術開発は、実は日本のクボタである。クボタは耕運機と水処理技術の優秀な会社だが、耕運機と共に農薬散布用のラジコン技術を開発していた。それが、COCOM《ココム》（対共産系輸出規制）に引っかかって、アメリカにひどく叱られた。そのころの農薬散布や地上撮影用のラジコンの飛行体が、やがてドローンになっていったのだ。

中国のＤＪＩは、深く潜行して、軍事用の先端技術をどんどん開発しているようである。ウーバー社が開発している空飛ぶタクシーとよく似た、人間搭乗のドローンも開発している。これ以上のことは今のところ分からない。

デジタル人民元の脅威

「仮想通貨」と称したビットコインが、3年前（2017年）に騒がれた。博奕の金儲けの道具として金融市場で使われた。ビットコインは240万円まで高騰して暴落した（2017年末）。今は100万円（1万ドル）を割って80万円ぐらいだ。こんな汚れた穢《きたな》いフェイク・マネーに、一体どういう奇怪な人間たちが値段を付けているのか。

私はクリプト・カレンシー（暗号通貨）なるものが不愉快である。こんなものはまとめて消滅させるべきだ。大事なのは、ブロック・チェーンという技術なのである。フェイスブックのザッカーバーグCEOが、アメリカ議会で、必死になって証言して「リブラ」という自前の暗号通貨を、「アメリカのドル覇権の維持のために協力します」と表明した。

ところが、アメリカ議会はザッカーバーグに対して、

「あなたはこれまでに個人情報を大量に流出させたり、密かに個人データを売って利益を出していた。信用ならない男だ」

と叱りつけた。だからリブラは開発許可が出なかった。ところが再びザッカーバーグが

反論して、「このままでは中国のデジタル人民幣《レンミンビー》に負けてしまいますよ」と言い放った（10月23日）。これで米会議が、「リブラ」の開発許可を密かに出したようである。

中国政府もこの暗号通貨の開発に力を入れている。何と、この翌日、習近平が「ブロックチェーンの研究を押し進めよ」と号令を出した（10月24日）。

私が不愉快なのは、暗号通貨の誕生の本当の意味を皆が知ろうとしないからだ。暗号通貨は、リバータリアンの思想 Libertarianism から生まれたのだ。3年前に自分の本に書いて説明した。それなのに今行われている仮想通貨の議論は、金儲け（投機）の手段か、国家の枠組みの中や、大企業の開発能力の話として行われている。

人類の新しい通貨（ニュー・ワールド・カレンシー）は、国家の壁《かべ》を越えていくということに重要性がある。このことを本気で考える能力が日本人にはない。

特定の大国（世界覇権国）であっても、新世界通貨を支配してはいけない、ということだ。今はまだアメリカのドルが支配通貨（基軸通貨）だ。やがてユーラシア大陸の中心地（おそらくカザフスタン国であろう）に新しい世界銀行ができる。そのときに、公明正大な世界通貨が作られる。そのときのために、ブロックチェーン技術が、世界共通の明瞭な技術として開発されるべきなのだ。

あとがき

この本『全体主義（トータリタリアニズム）の中国がアメリカを打ち倒す――ディストピアに向かう世界』は、世界最大の牢獄国家、中国についての、私の11冊目の本である。

英文の書名は、"Totalitarian《トータリタリアン》 China《チャイナ》 will《ウィル》 Finish《フィニッシュ》 off《オフ》 America《アメリカ》." である。この finish off フィニッシュ・オフという動詞は、「とどめを刺す、息の根をとめる」という強い意味だ。

『あと5年で中国が世界を制覇する』（2009年刊）という本も、私は書いている。この本は反共《はんきょう》右翼の人々から激しく嫌われた。「何を言うか。中国は暴動が起きて、中国共産党は潰《つぶ》れるのだ」と、彼らは、私の本に最大限の悪罵《あくば》を投げた。それで、現実の世界の動きは、その後どうですか。

人も国家も、より強い者に虐《いじ》められながら、這い上がってゆく途中は、善であり、正義である。より強い国の支配の下《もと》で、苦心惨憺《さんたん》しながら勝ち上がってゆく。

しかし、一旦《いったん》、勝者になったら 正義《ジャスティス》（justice）から悪《イーヴォ》（evil）に転化する。中国が、アメリカ合衆国を打ち負かして世界覇権《はけん》国（ヘジェモニック・ステイト）になったら、その時、巨大な悪（evil《イーヴォ》）になるのである。それまであと5年だ。

人も国家も、そして企業も、2番手に付けて1番手（先頭、支配者《ガリバー》）の真似をしながら必死で喰い下がっているときが、一番美しい。これまでの40年間（鄧小平《とうしょうへい》の「改革改放宣言」1978年12月18日。40周年を中国は祝った）、私は、アメリカ帝国の後塵《こうじん》を配しながら、蔑《さげす》まれながら、泥だらけの極貧《ごくひん》の中から、着実に勝ち上《のぼ》ってきた中国を頼もしく、美しいと思ってきた。


この11月21日に北京で、〝世界皇帝代理〟のヘンリー・キッシンジャーが心配した。これに対して、翌日即座に、習近平は、「心配しないで下さい。中国は世界覇権（hegemony、ヘジェモニー。ドイツ語ならヘゲモニー）を求めません（私たちは、これまでにいろいろ苦労して、人類史を学びましたから）」と発言した。

これが一番大きな処《ところ》から見た、今の世界だ。日本という小ぢんまりとした国で、世界普遍価値（world values、ワールド・ヴァリューズ）を理解しようとして、私は、独立知識人として（本書第1章を参照のこと）、孤軍奮闘して来た。

本書は書名が決まったのが11月11日。体調不良の中で、2週間で作り上げた。だが手抜きはない。いつもながらの全力投球だ。私の地獄の踏破行《とうはこう》に同行して、命懸けの鎖場《くさりば》にも付き合ってくれたビジネス社大森勇輝編集長に記して感謝します。

2019年12月

副島隆彦

著者略歴

副島隆彦（そえじま・たかひこ）
1953年福岡市生まれ。早稲田大学法学部卒業。外資系銀行員、予備校講師、常葉学園大学教授などを経て、政治思想、法制度論、経済分析、社会時評などの分野で、評論家として活動。副島国家戦略研究所（SNSI）を主宰し、日本初の民間人国家戦略家として、巨大な真実を冷酷に暴く研究、執筆、講演活動を精力的に行っている。
『副島隆彦の歴史再発掘』『今の巨大中国は日本が作った』『世界権力者図鑑 2018』『中国、アラブ、欧州が手を結びユーラシアの時代が勃興する』（以上、ビジネス社）『米中激突恐慌』（祥伝社）、『決定版 属国 日本論』（PHP研究所）、『絶望の金融市場』（徳間書店）など著書多数。
●ホームページ「副島隆彦の学問道場」http://www.snsi.jp/

写真：共同通信社、アマナイメージズ

全体主義《トータリタリアニズム》の中国がアメリカを打ち倒す

2020年1月1日　第1版発行

著　者　副島隆彦
発行人　唐津 隆
発行所　株式会社ビジネス社
〒162-0805　東京都新宿区矢来町114番地　神楽坂高橋ビル5階
電話　03(5227)1602（代表）
FAX　03(5227)1603
http://www.business-sha.co.jp

印刷・製本　株式会社光邦
カバーデザイン　大谷昌稔
本文組版　茂呂田剛（エムアンドケイ）
営業担当　山口健志
編集担当　大森勇輝

ISBN978-4-8284-2154-4

副島隆彦の「中国研究」

それでも中国は巨大な成長を続ける

「大中華圏の復興」を
中国は目指す

定価：本体1600円＋税
978-4-8284-1699-1

靖国問題と中国包囲網

危険な軍事衝突に
日本が追い込まれる

定価：本体1600円＋税
978-4-8284-1743-1

中国、アラブ、欧州が手を結びユーラシアの時代が勃興する

「一帯一路」とAIIBで
中国が勝つ

定価：本体1600円＋税
978-4-8284-1825-4

今の巨大中国は日本が作った

日本人が教えた
設計図で共産中国は
未来を手に入れた！

定価：本体1600円＋税
978-4-8284-2010-3